Aber Murat, der Generalleutnant des Königreichs, gab einen Befehl, und die Kutschen, gezogen von sieben Maultieren, und die Kaleschen transportierten die jungen Prinzen an die Grenze. Da ging ein Aufschrei durch das Volk: „Man nimmt sie uns weg! Zu den Waffen!", wie ein gefesselter Mann aufschreit, der sieht, wie der Chirurg sein Bein amputiert. Das geschah am 1. Mai. An diesem Tag zeigte sich Murat auf dem Balkon des Palasts und wurde mit einem Pfeifkonzert empfangen. Am nächsten Morgen, dem 2. Mai (dem berühmten „Dos de Mayo"), werden französische Offiziere von einer aufgebrachten Menge verwundet. Es gelingt einer Patrouille, die Soldaten zu befreien.

Die Plaza Mayor füllt sich mit bewaffneten Zivilisten. Calle d'Alcala: Polnische Füsiliere schießen, und Spanier fallen. Plaza de Oriente: Französische Büchsen gehen los, die Kanone kracht, und die Kugeln pfeifen durch die Alleen mitten in die Menge der Patrioten. Zwei Stunden später hat sich Madrid zum Widerstand formiert. Jedes Haus ist ein Fort; Balkone, Möbel, Pulversäcke und kochendes Öl gehen auf die „Befreier" hernieder. Der General, der die kaiserliche Wache befehligt, wird von einem Blumentopf erschlagen.

An der Puerta del Sol werfen sich Frauen auf die Köpfe der Pferde oder schneiden ihnen die Sehnen durch. In den Vororten umfassen die „manolas“ von hinten die rotgekleideten Mameluken, reißen sie aus ihren Sätteln und bringen sie um. Voller Verzweiflung schlägt die französische Armee blindwütig um sich. Alle Bewohner der Häuser, aus deren Fenstern geschossen wurde, werden massakriert. Die Grenadiere brechen die Tore eines Klosters auf, und es regnet die Köpfe der enthaupteten Mönche auf die Straße.

Am 3. Mai sind die Franzosen die Herren der Stadt. Im Postministerium tagt ihr Kriegsgericht. Vom Morgengrauen bis zum Abend ziehen Karren voller schweigender Patrioten durch die Straßen, mit offenem Hemd und auf dem Rücken gefesselten Händen. Sie werden in Gruppen erschossen, in Mengen; im Retiro, in der Casa del Campo, auf der Montaña del Principe Pio, im Jesuskloster, in der Kirche Buen Suceso, am Segovia-Tor, in der Moncloa. Am Ende des Tages fällt das französische Gericht nicht einmal mehr Urteile;

Murat läßt jeden Madrilenen, der mit einer Waffe aufgegriffen wird, auf der Stelle erschießen. Don Luis hörte sich diesen Bericht an, stumm vor Entsetzen, brachte wegen der blutigen Fetzen kein Wort über die Lippen, verlor die Fassung ob all des Blutes. Er sah seinen Traum sterben.
„Am Morgen des 1. Mai", sagte der Artillerist, „war Frankreich noch unser Verbündeter. Aber seit diesem Abend ist es der Feind jeden Spaniers."
Paul Morand, „*Le Flagellant de Séville*"

Jeannine Baticle ist Ehren-Chefkonservatorin am Louvre. Sie hat ihre Karriere der Gemäldesammlung dort gewidmet, wo sie 1945 als Assistentin eintrat, nachdem sie die Ecole du Louvre absolviert hatte. Heute gilt sie als eine der besten Kennerinnen der spanischen Malerei und hat sich im Lauf der Jahre ein gründliches Wissen über Spanien, seine Geschichte und seine Sitten, erworben, das ihr erlaubt, das Werk der Maler in deren sozialem und politischem Umfeld einzuordnen. So hat sie insbesondere das Werk Goyas studiert. Jeannine Baticle ist die Autorin mehrerer Werke über die Malereigeschichte Spaniens.

Deutsche Textfassung: Annette Fiebig
Wissenschaftliche Überarbeitung:
Frank M. von Berger, Kunsthistoriker

Die Deutsche Bibliothek – CIP-Einheitsaufnahme

Francisco de Goya: Höfling und Rebell /
Jeannine Baticle. [Dt. Textfassung: Annette Fiebig.
Wiss. Überarb.: Frank M. von Berger. Red. der dt. Fassung: Martin Sulzer]. –
Dt. Erstausg. – Ravensburg: Maier, 1992
(Abenteuer Geschichte; 24) (Ravensburger Taschenbuch)
Einheitssacht.: Goya – d'or et de sang <dt.>
ISBN 3-473-51024-6
NE: Baticle, Jeannine; Berger, Frank M. von [Bearb.]; EST; 1. GT

ABENTEUER GESCHICHTE

Deutsche Erstausgabe als Ravensburger Taschenbuch

Die Originalausgabe erschien unter dem Titel
„Goya – d'or et de sang"

Redaktion der deutschen Fassung: Martin Sulzer

Satz: Eduard Weishaupt, Meckenbeuren
Printed in Italy by Soc. Editoriale Libraria

5 4 3 2 1 96 95 94 93 92

ISBN 3-473-51024-6

FRANCISCO DE GOYA
Höfling und Rebell

Jeannine Baticle

Otto Maier Ravensburg

ERSTES KAPITEL

FRANCISCO GOYA AUS ARAGÓN

Goya wird am 30. März 1746 in Fuendetodos, einem kleinen Ort ca. 50 km südwestlich von Saragossa, geboren. Sein Vater José Goya hat sich bereits in Saragossa, der Hauptstadt Aragóns, ein Auskommen geschaffen: Er arbeitet als Vergolder. Das ist in Spanien ein recht einträgliches Handwerk, denn die mit Holz- oder Metallfiguren geschmückten Altäre in den Kirchen sind vom Sockel bis zur Spitze vergoldet.

Inmitten einer unfruchtbaren Ebene liegt Fuendetodos, das um 1740 kaum 100 Einwohner zählt. Goyas Mutter verläßt das Dorf bald und zieht nach Saragossa, einem blühenden Zentrum von Handel und Kunst.

José Goya gilt auf seinem Gebiet als so großer Fachmann, daß ihm später die Kanoniker der Basilika El Pilar, der großen Kirche in Saragossa, die Aufgabe übertragen, die Qualität der Vergoldungen aller Skulpturen zu überprüfen, an denen damals eine große Zahl aragonesischer Künstler arbeitet. Doch das Handwerk des Vaters ist abhängig vom Geschmack der Zeit, und mit dem Heraufziehen des nüchternen Klassizismus ist absehbar, daß Francisco nicht wie sein Bruder in die Fußstapfen des Vaters treten kann, sondern sich nach einem anderen Handwerk umsehen muß.

Anfang 1763 wird Francisco Bayeu (1734 – 1795), ein junger Künstler aus Saragossa, unter den besten Malern Spaniens ausgewählt und dazu bestimmt, Anton Raffael Mengs, dem Hofmaler des Königs, zu helfen. Durch diese große Begünstigung wird Bayeu bald darauf, im Juli 1763, als Mitglied (Académico de mérito) an der Academia de San Fernando aufgenommen.

Für Goya gibt es nur eine Möglichkeit, Ansehen zu erlangen: Er muß dem Beispiel Bayeus folgen und versuchen, ein Stipendium für die Akademie in Madrid zu bekommen.

Am 4. Dezember 1763 schreibt er sich für den Wettbewerb ein. Die Prüfung besteht darin, den Gipsabguß einer Silen-Statue zu zeichnen. Goya verabscheut Gips, wie er später deutlich sagt. Als am 15. Januar 1764 die Ergebnisse verkündet werden, hat sich nicht einer der Juroren zu seinen Gunsten ausgesprochen.

Im Jahr 1766 scheitert Goya erneut beim Wettbewerb der Academia de San Fernando. Diesmal sind Ereignisse aus der Geschichte Spaniens darzustellen. Doch die Themen regen Goya in keiner Weise an. Außerdem sitzt auch Bayeu in der Jury, und die wilden Klecksereien des jungen Bewerbers stoßen ihn, den Anhänger klarer Formen und schöner akademischer Arbeiten, sicher ab. Goya erhält daher wieder kein Lob, während Bayeus jüngerer Bruder, der zweitklassige Maler Ramón, den ersten Preis erhält.

Der Überlieferung nach erschien am Anfang unserer Zeitrechnung die Jungfrau Maria in Saragossa dem heiligen Jakobus und gab ihm einen Pfeiler (Pilar), das Symbol der ersten der Jungfrau Maria geweihten Kirche. Seitdem ist die wundertätige Maria von Pilar das Ziel bedeutender Wallfahrten. Die Basilika wurde mehrere Male um den Pfeiler herum wieder aufgebaut.

* *kursive Begriffe* **siehe Glossar Seite 182.**

Während Goya und seine Kollegen an den Prüfungsaufgaben für die Akademie arbeiten, ereignet sich im März 1766 der berühmte „motín de Esquilache", der *Esquilache-Aufstand**. Es kommt zu einem allgemeinen Aufruhr im Land, da dem Volk verboten worden ist, weiterhin den traditionellen Umhang und Hut zu tragen. Im folgenden Jahr werden die Jesuiten im Gefolge des Machtkampfes zwischen den verschiedenen religiösen Orden aus Spanien vertrieben: Der Streit zwischen der konservativen Geistlichkeit und der katholischen Intelligenz wird eine wichtige Rolle im graphischen Werk Goyas spielen.

Was hat Goya zwischen seinem 20. und 25. Lebensjahr gemacht? In der Zeit von Juli 1766 bis April 1771, als er in Rom auftaucht, liegt sein Leben für uns im dunkeln.

Ist er in Madrid im Schatten von Francisco Bayeu geblieben, der 1767 als erst 33jähriger zum Hofmaler ernannt wird? Im 19. Jahrhundert hat man viel über Goyas Leben

Bis zur ersten Hälfte des 18. Jahrhunderts erlernt man die Kunst des Malens im Atelier eines Malers. Erst nach der Gründung der Academia de San Fernando in Madrid im Jahr 1753 wird der private durch den offiziellen Unterricht ersetzt. Doch die von der neuen Akademie vorgeschriebenen ästhetischen Werte, die Nachahmung der Antike und das Vorbild der italienischen Kunst, widerstreben den spanischen Malern. Goya lernt an der Akademie jedoch die Regeln der Komposition und die Proportionen des Körperbaus.

spekuliert, ihm ein Bohèmeleben angedichtet und eine bewegte Jugend erfunden.

Seine eigenen Aufzeichnungen lassen in der Tat vermuten, daß er eine wilde Jugend hat. So erinnert er sich in seinen sarkastischen und unbefangenen Briefen an seinen Jugendfreund Martín Zapater später daran, daß sie einst „Taugenichtse" gewesen seien und sich in der Zeit, die ihnen noch zum Leben bleibe, bessern müßten, wenn sie in den Himmel kommen wollten. Außerdem erklärt er einem anderen treuen Freund, dem Dichter und Dramaturgen Leandro Fernández de Moratín, daß er „früher als Torero auftreten konnte und mit einem Schwert in der Hand niemanden fürchtete".

Tatsächlich stellt er sich auf dem Gemälde „La Novillada", einem Entwurf für einen Wandteppich, als Torero dar. Er erscheint dort groß, stark und kräftig und hebt sich dadurch vom eleganten und hochnäsigen Bayeu ebenso ab wie von seinen eher schmächtigen Malerkollegen Giovanni Battista (Giambattista) Tiepolo und Mengs. Goya ist von außerordentlicher Zähigkeit, und sein Lebenswandel, der ihm offenbar den Ruf eines Schlägertypen einbrachte, spricht für eine große Lebenslust.

Doch auch wenn er rauhe Streiche liebt, interessiert er sich leidenschaftlich für die Kunst seiner Zeit. Das belegt der Einfluß, den Tiepolos Fresken, die dieser von 1762 bis 1770 im königlichen Palast in Madrid malt, auf Goya ausüben, insbesondere das Hauptwerk des venezianischen Meisters, das Deckengemälde im Thronsaal, „Die Verherrlichung der spanischen Monarchie". Es scheint, als sei Goya der einzige Künstler seiner Zeit, der es versteht, Nutzen aus Tiepolos Sonnenlichteffekten zu ziehen oder von weitem sichtbare Gestalten in den Raum einzuschreiben und dennoch helle, leuchtende Farben zu verwenden.

Irgendwann um 1770/71 muß Goya Spanien verlassen haben, denn im Frühjahr 1771 befindet er sich in Rom

In einer Epoche, in der die Wände der Paläste mit Teppichen behängt sind, beschäftigt die Herstellung von Kartons, d. h. der Vorlagen, nach denen die Teppiche gewebt werden, alle großen Maler. Dieser Karton, der 1780 für das Vorzimmer des Prinzen von Asturien im Pardo-Palast entstand, stammt aus der Zeit, in der Goya anfängt, sich mehr Freiheiten bei den ihm vorgegebenen Themen zu nehmen: lebendige Darstellungen, persönliche Stimmungen, natürliche Haltungen.

und nimmt an einem Wettbewerb der Akademie in Parma teil, wo der *Infant* Philipp, ein Bruder des spanischen Königs Karl III., als Prinzregent herrscht. Bei diesem Wettbewerb – Goya bezeichnet sich in der Zeit als „Römer" und Schüler von Bayeu – muß ein Thema der Antike behandelt werden. Die Ergebnisse werden am 27. Juni 1771 bekanntgegeben. Den ersten Preis erhält Paolo Borroni, besonders wegen der „feinen Harmonie der Farbgebung" in seinem Gemälde. Goya werden dagegen seine „schroffen Töne" vorgeworfen, die „großartige Charakterisierung Hannibals" aber wird gelobt. Noch viele Jahre lang schokkiert die wilde Machart der Werke Goyas die Liebhaber der sorgfältig ausgearbeiteten akademischen Malerei. Immerhin stimmen sechs Juroren für den jungen Aragonesen, aber einen Preis gewinnt er nicht.

Im Oktober 1771 ist Goya wieder in Saragossa. Dort erhält er seine ersten Aufträge.

Das *Kapitel* der Basilika El Pilar wird auf den jungen Maler – vielleicht wegen dessen Romaufenthalts – aufmerksam. Man trägt Goya an, Skizzen für das Deckengemälde des kleinen Chors (coreto de la Virgen) der Kapelle anzufertigen, die der Gnadenkapelle (Santa Capilla) gegenüber liegt. Das Thema ist die Verehrung des göttlichen Namens durch die Engel. Anfang November liefert er eine in *Freskotechnik* ausgeführte Probearbeit ab, um seine Fertigkeiten darin zu beweisen. Sein Entwurf wird gebilligt, und am 11. November beschließen die Kanoniker, ihm einen festen Auftrag zu erteilen, nicht zuletzt deshalb, weil er nur 15 000 *Reales* für dieselbe Arbeit fordert, für die Antonio González Velázquez (1723–1793) 25 000 verlangt. 15 000 Reales sind eine große Summe, sie entspricht dem Jahresgehalt eines Hofmalers.

Giambattista Tiepolo, 1696 in Venedig geboren und 1770 in Madrid gestorben, gilt als der größte europäische Dekorationsmaler des 18. Jahrhunderts. Er ist es, der die Effekte des Sonnenlichts für die Malerei entdeckt. Seine Kompositionen besitzen eine Weite, eine Festigkeit der Gestalten und ein Wissen um die Luftperspektive, die Goya stark beeinflussen. Tiepolo hatte den Auftrag, die Decke des Thronsaals im Königspalast mit einer „Verherrlichung der spanischen Monarchie" zu verzieren (signiert und 1764 datiert). Die verblüffenden Effekte der Perspektive, die Kühnheit der Haltungen und die Plastizität der Formen machen es zu einem der Hauptwerke des Meisters. Über dem rund um die Decke laufenden Fries erscheinen entweder Bauern aus allen Regionen Spaniens, ihre Produkte oder auch die Einheimischen der spanischen Besitzungen in Amerika, wie auf diesem Ausschnitt (rechts). Diese Mischung aus Allegorie und Realismus hat den jungen Goya offenbar beeindruckt.

Danube (links), ein Stich nach Gianlorenzo Berninis Brunnen auf der Piazza Navona in Rom.

Am 27. Januar 1772 legt Goya die endgültige Skizze für das Deckengemälde vor, die von den Kanonikern sehr bewundert wird. Sie drängen ihn, sofort mit der Ausführung des Gemäldes zu beginnen.

Am 1. Juli 1772 kann man die Gerüste wieder abbauen: Das Werk ist vollendet. Dieses erste Fresko Goyas offenbart, obgleich es unter dem Einfluß Corrado Giaquintos und seines Schülers González Velázquez steht, bereits die Größe seines Talents und erregt die Aufmerksamkeit der aragonesischen Oberschicht. So wird Goya damit beauftragt, die Kapelle des Palasts von Sobradiel in Saragossa auszustatten (ein Teil der Malereien ist heute zerstört). Das Fresko verschafft ihm auch die Protektion des Kanonikers Ramón Pignatelli, der aus einer berühmten aragonesischen Familie stammt. Viele Jahre später, 1791, malt Goya ein Portrait von ihm. Sogar Francisco Bayeu scheint Goya jetzt mehr zu schätzen, denn er gewährt ihm die Hand seiner Schwester Josefa. So heiratet Goya im Juli 1773 in Madrid Josefa Bayeu, genannt „Pepa". Sie ist damals 26, er 27 Jahre alt.

Durch die Vermittlung eines anderen Schwagers, Manuel Bayeu, wird Goya zu den Mönchen des Kartäuserklosters Aula Dei etwa 12 km nordwestlich von Saragossa gerufen. Er soll die Kirche mit Szenen aus dem Leben der Jungfrau Maria ausstatten. Von 1772 bis 1774 führt er elf riesige Kompositionen aus. Heute sind davon nur noch sieben, teilweise stark restaurierte Bilder erhalten; dennoch kann man sich noch ein ziemlich gutes Bild des ursprünglichen Ensembles machen.

Die „Verehrung des Namens Gottes durch die Engel" ist ein gut komponiertes, vom Boden leicht lesbares Fresko. Es zeichnet sich durch seine monumentalen, plastischen Gestalten aus sowie durch die Begrenzung der Personenzahl, die die Handlung zusammenhängender erscheinen läßt. Goya malt runde und kräftige Gesichter, bei denen die Glanzlichter ohne Herausarbeitung der Formen direkt auf dem ockerroten Grund sitzen. Sie geben genau die Form der Stirn, der Nase, des Kinns wieder. Die Farben hellen sich in seinen späteren Werken auf.

Das im 15. Jahrhundert gegründete Kartäuserkloster Aula Dei wird im Jahr 1809 beschädigt, doch Goyas Gemälde können teilweise restauriert werden.

Nachdem sich Goya in Saragossa durchgesetzt hat, will er sich Madrid erobern.

Goya nutzt die Rückkehr von Mengs (der beauftragt wurde, die Ausführung der *Teppichkartons* für den Königspalast zu überwachen) aus Rom nach Madrid aus, um sich in der Hauptstadt bekannt zu machen. Dort scheint er sich endgültig im Jahr 1775 niedergelassen zu haben. In dieser Zeit beginnt sein Briefwechsel mit seinem Freund Martín Zapater. Diese intimen Briefe zeigen Goya als einen urwüchsigen, spaßhaften, manchmal groben, aber immer

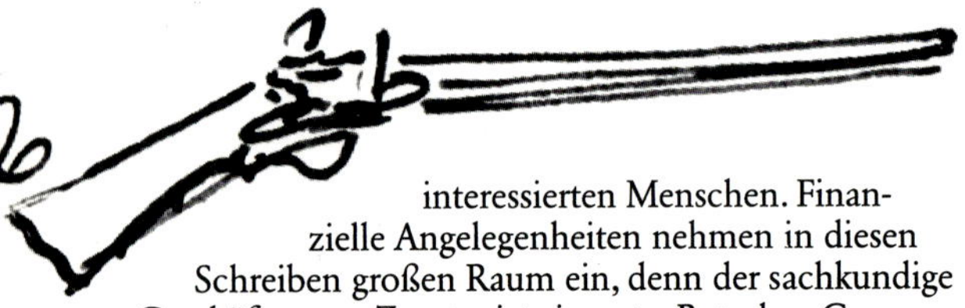

interessierten Menschen. Finanzielle Angelegenheiten nehmen in diesen Schreiben großen Raum ein, denn der sachkundige Geschäftsmann Zapater ist ein guter Ratgeber. Goya macht nur ungern Schulden, und wenn er sich Geld leiht, zahlt er es pünktlich zurück. Zapater sendet Goya auch Schokolade, die der Maler sehr liebt. Goyas Frau Pepa sucht Kleider und Schals für ihre Freunde in Saragossa aus. Es vergeht keine Woche, ohne daß Boten Kästen voller Kleider, Zuckerwerk und Wein bringen oder mitnehmen, manchmal auch einen Jagdhund, denn die Jagd ist der Lieblingssport von Goya, Zapater und dem gemeinsamen Freund Juan Martín de Goicoechea. So berichtet der hervorragende Schütze Goya von seinen Erfolgen als Jäger, erzählt, daß er Rebhühner wie Fliegen und Hasen wie zahme Kaninchen abschieße. Zahlreiche Briefe beziehen sich auf die Qualität der Stutzbüchsen, und oft wird die Meinung des Büchsenmachers erbeten. So erschließt sich mit Hilfe der Briefe allmählich eine außergewöhnlich fesselnde Persönlichkeit, ein Mensch mit Leidenschaften und Fehlern, voller Freigebigkeit und Begeisterungsfähigkeit, ein Mann, der das Leben liebt und in der Lage ist, alle seine Umwege zu verstehen.

In Madrid müssen die Maler den Hof und die feine Gesellschaft regelmäßig besuchen: Goya fühlt sich dort lange unwohl.

Die ersten Aufträge am Hof (1775) sind die Ausführung von Kartons mit Jagdszenen für eine der Teppichserien, die für den Speisesaal des Prinzen von Asturien (des späteren

Karl IV.) im Palast San Lorenzo del Escorial bestimmt ist. Diese Bilder beeindrucken durch ihre seltsame Kombination einer gewissen Steifheit in der Ausführung (selbst zur Zeit seiner vollen Reife malt Goya die offiziellen Gemälde immer sorgfältiger als die privaten) und einer vollkommenen Genauigkeit der Gesten, der Handlung und des Zubehörs.

Bayeu indessen scheint sehr eifersüchtig auf Goyas Ansehen zu sein und gibt bei der Teppichmanufaktur an, daß die Kartons unter seiner Leitung angefertigt worden seien. Goya stellt das jedoch wieder richtig und bezeichnet sich in der Rechnung als alleinigen Autor der fünf Gemälde.

Im Augenblick sagt ihm sein Honorar von 8000 Reales, das er für seine Arbeit erhält, zu. Doch schon bald gibt er sich nicht mehr damit zufrieden, sein Talent nur durch die gewebte Version seiner Werke zu zeigen. Am Ende des Jahres setzt er auf seine Rechnung für das „Picknick", den Karton für eine Teppichserie, die den Speisesaal des Prinzen von Asturien im Pardo-Palast zieren soll, den Vermerk, daß „die Komposition (von ihm) erfunden" sei. Dem folgen von 1776 bis 1778 neun andere Kartons, darunter die ersten Meisterwerke Goyas: „Tanz am Ufer des Manzanares", „Rauferei vor dem neuen Wirtshaus", „Promenade Andalucía", „Drachensteigen" und der „Sonnenschirm" (der direkt auf Tiepolo zurückgeht), um nur die bedeutendsten zu nennen. Jedes dieser Werke vereinigt die wesentlichen Elemente der Malkunst Goyas: seinen Sinn für Raum und Licht, seine Wahrhaftigkeit in der Darstellung der sozialen Typen, ihres Verhaltens und ihrer Kleidung, seine Kenntnis der Komposition, die Plastizität der Formen und die Wärme und Schönheit der Farbe. Kein anderer europäischer Künstler ist in diesem Maße fähig, die Darstellung des täglichen Lebens auf das Niveau von Historienbildern zu heben, ohne an Charakter und Heiterkeit zu verlieren.

„Freund, Dein letzter Brief hat mich vernichtet: Du kannst Dir nicht vorstellen, wie sehr ich Dich beneide, da Du die Jagd erwähnst. (...) Für mich gibt es auf der Welt kein größeres Vergnügen. Ich konnte nur einmal jagen gehen, und dennoch hat es keiner besser gemacht: mit 19 Schüssen 18 Treffer, nämlich zwei Hasen, ein Kaninchen, vier junge Rebhühner, ein altes Rebhuhn und zehn Wachteln. Der Fehlschuß galt einem Rebhuhn. Dieses Glück hat mich besonders erfreut, da ich mit zwei der besten Gewehre des Ortes losgezogen war. Ich habe eine gewisse Berühmtheit unter den Jägern erlangt (...)."

Brief an Zapater

Der riesige, aus grauem Granit erbaute Kloster-Palast des Escorial ist auch ein großartiges Museum der königlichen Sammlungen.

Ein privates und ein öffentliches Ereignis prägen diese für Goya erfolgreichen Jahre.

Am 21. Januar 1777 schenkt Pepa in Madrid einem Sohn das Leben. Stolz und glücklich teilt der Maler seinem Freund Zapater sofort mit, daß „die Pepa einen schönen Sohn geboren hat", der aber, wie die meisten seiner Brüder und Schwestern, das Kindesalter nicht überleben wird.

Im selben Jahr tritt ein Ereignis ein, das die politische Landschaft erheblich verändern soll: Ein Spanier wird wieder oberster Verwaltungschef. Seit seiner Thronbesteigung im Jahr 1759 hat Karl III. ausländische, vor allem italienische Politiker bevorzugt. Nun aber, Ende 1776, willigt er ein, den aus Genua stammenden Marquis Grimaldi zu entlassen und statt dessen den Exrichter José Moniño, Graf von Floridablanca, zum Ersten Staatssekretär zu ernennen. Der spanische Hochadel sieht das allerdings mit großem Ärger,

König Karl III. (1716–1788), der vierte Sohn Philipps V. von Bourbon, besteigt 1759 den spanischen Thron. Er genießt ein großes Ansehen und gilt als der König des „aufgeklärten Spanien". Dieses Bildnis des Königs im Jagdanzug stammt aus den Jahren 1786–1788.

scheint ihnen doch ein Minister aus dem Richterstand kaum besser als ein ausländischer Minister.

Nun gehören die *„ilustrados"*, die „aufgeklärten" Intellektuellen, die aus Spanien einen neuzeitlichen Staat machen wollen, vor allem dem Juristenstand an, der in Spanien große Bedeutung hat. Ihr Wortführer, Pedro de Campomanes, ist ein bemerkenswerter Nationalökonom und Jurist und ein Freund Floridablancas. Campomanes ist ebenfalls eng mit dem jungen Richter Gaspar Melchor de Jovellanos befreundet, der in Sevilla im Amt ist und als der bedeutendste Vertreter der Aufklärung im Spanien seiner Zeit gilt. Bei Campomanes lernt Goya Jovellanos ebenso kennen wie den von ihm hochgeschätzten François Cabarrús, der der „böse Geist" seiner Karriere werden wird. Zu dieser Zeit ist Cabarrús aber erst ein junger baskischer Kaufmann, der sich in Madrid niedergelassen hat.

Auf dem Karton „Die Rauferei vor dem neuen Wirtshaus" stellt Goya ein Wirtshaus dar, „in dem Postillione und Maultiertreiber aus mehreren Provinzen Spaniens angekommen sind und ein Kartenspiel beginnen; ein Mann aus Murcia wird von zwei Kollegen angegriffen, woraus eine Rauferei entsteht." Tatsächlich lassen die spanischen Wirtshäuser viel zu wünschen übrig, wie aus den Klagen in vielen Reiseberichten hervorgeht.

ZWEITES KAPITEL
DAS SPANIEN DER ILUSTRADOS

Goya ist 33 Jahre alt. Er, der Sohn eines Handwerkers und einer Frau aus niederem Adel, kommt dank seiner Begabung und seines Spürsinns mit einer sozialen Schicht in Berührung, die sich von der der Höflinge sehr unterscheidet. Er bewegt sich in der Gesellschaft von Historikern, Philosophen, Ökonomen und Literaten, die in seiner Gegenwart Probleme diskutieren, deren Wichtigkeit und Bedeutung er nicht ahnt, und die versuchen, die traditionellen Übel Spaniens zu bekämpfen.

Beeinflußt von den Intellektuellen seiner Umgebung illustriert Goya die Themen, die sie beschäftigen: die Bedeutung der Kirche im Staatsapparat, die Rückständigkeit von Kultur und Industrie, das Bettlertum, die Kriminalität, den Wahnsinn.

Sie lehren ihn nachzudenken, seine Ideen in Formen zu bringen, öffnen ihm die Augen für die Vielseitigkeit des menschlichen Lebens: Hier wird der spätere Radierer der „Caprichos“ geboren. Denn Goya ist einer der wenigen Maler seiner Zeit, die neben der Malkunst auch die Technik des Radierens beherrschen. So erhält er z. B. die Genehmigung, Radierungen von Bildern des Velázquez anzufertigen, die erst kurz zuvor im 1765 fertiggestellten Neuen Palast, dem heutigen Königspalast von Madrid, aufgehängt wurden.

Während die Kompositionen vieler anderer Maler schon zu ihren Lebzeiten gestochen oder radiert worden sind, ist es erst Goya zu verdanken, daß das Œuvre von Diego Rodríguez de Silva y Velázquez (1599 - 1660), dem größten spanischen Maler, durch auflagenstarke Drucke weite Verbreitung fand. Das Erscheinen der Radierungen nach den Gemälden von Velázquez wird in der „Gazeta de Madrid“ im Juli und im Dezember 1778 bekanntgegeben. Vermutlich hat der junge Maler Goya in den Werken des Meisters Velázquez den „Zauber der Atmosphäre“ entdeckt und die Techniken erlernt, durch einen Fleck und einige dicke Farbaufträge den Eindruck eines Gesichts, eines schimmernden Tuchs, eines Schmuckstücks hervorzurufen, die Durchsichtigkeit der Töne zu erreichen und durch den Gebrauch der Farben Ocker, Weiß und Schwarz und nur sehr wenig Blau und Rot die Palette nüchterner zu halten. Dennoch entsteht bei Velázquez dank des kunstvollen Gebrauchs der Lasurfarben eine schier unendliche Vielfalt der Farbvariationen und der Eindruck, daß das dargestellte Modell lebt, sich bewegt, daß man es anfassen und mit ihm sprechen könnte. Goya gelingt das scheinbar Unmögliche: die unübertreffliche Anordnung von Velázquez' Bildmitteln nur mit Hilfe einer einfachen Radiernadel in Schwarz und Weiß zu übertragen. Er sagt später: „Ich hatte drei Lehrmeister: Rembrandt, Velázquez und die Natur.“

Diego Rodríguez de de Silva y Velázquez malt das Bild „Las Meninas“ („Die Familie von Philipp IV.“) im Jahr 1656. In der Mitte steht die fünfjährige Infantin Marguerite, umgeben von ihren Hofdamen (den Meninas). Der Maler hat sich am linken Bildrand vor seinem riesigen Gemälde dargestellt. Es handelt sich um ein Hauptwerk, bei dem Dichtung und Wahrheit eng verbunden sind und eine solche Illusion des Lebens schaffen, daß der Betrachter von heute noch immer glaubt, einer realen, nicht einer inszenierten Szene beizuwohnen. Die Radierung Goyas (unten) gibt die Atmosphäre gut wieder.

Der Erbprinz Karl und seine Gattin, die Infantin María Luisa, schätzen die Dekoration ihrer Gemächer im Pardo-Palast hoch, in der Goya neue Kräfte entfaltet.

Goya entwirft zwischen 1778 und 1780 sieben Teppichkartons für das Schlafzimmer des Thronfolgerpaars und 13 für ihr Vorzimmer. Darauf bildet er das volkstümliche spanische Leben ab: „Die Wäscherinnen", „Der Topfverkäufer", „Der Arzt" und „Das Ballspiel". Diese scheinen ihnen viel unterhaltsamer als die banalen Teppiche nach dem flämischen Maler David Teniers, die sie für veraltet halten: Der Prinz und die Prinzessin bevorzugen in allem die zeitgenössische Kunst. Wenn sie im 20. Jahrhundert gelebt hätten, hätten sie vielleicht Pablo Picasso zum Ersten Hofmaler ernannt.

Diese Haltung begünstigt Goyas Anfänge am Hof. Am 9. Januar teilt er voll Freude mit, daß er dem König, dem Prinzen und dessen Gattin vier Gemälde gezeigt habe: „(Ich) habe ihnen die Hand geküßt und niemals eine so große Glückseligkeit empfunden." Der König äußert sich sehr zufrieden über Goya, und das Erbprinzenpaar tut dies noch mehr. Doch Goya ist sich durchaus bewußt, wie er gegenüber Zapater erklärt, daß sein Erfolg ihm auch mächtige und gehässige Feinde einbringt.

Einige Zeit danach glaubt er den Moment gekommen, um eine Stelle als Hofmaler zu bitten. Doch sie wird ihm verweigert. Seit Mengs' Abreise nach Italien wird Bayeu als Erster Hofmaler angesehen, und es ist nicht verwunderlich, daß dieser keinen großen Wert darauf legt, daß

sein junger Schwager die gleiche Position innehat wie er selbst. Am Hof wird Bayeu von dem Franziskaner Pater Eleta, dem Beichtvater des Königs, protegiert. Seine anmutige Kunst, seine makellose Arbeit als Dekorateur, seine hellen Farben stehen ganz in Gegensatz zum Schwung und zum großartigen Stil Goyas, was ihre Zwistigkeiten und ihre ästhetische Gegensätzlichkeit erklärt.

Der Topfverkäufer" (El Cacharrero, links) stellt nach Goya einen Mann aus Valencia dar, der sein Steingutgeschirr anbietet. Es geht dem Maler dabei nicht um eine realistische Schilderung des „rastro", des volkstümlichen Marktes im Freien. Vielmehr scheint die Kutsche, die im Hintergrund vorüberfährt, aus einem Stück von Caron de Beaumarchais, einem zeitgenössischen französischen Schriftsteller, zu stammen: Der hinten stehende Lakai ist eine lächerliche Figur, während die Rückenfigur des Kutschers und vor allem die Frauengestalt hinter der Scheibe mit einer Kunst gemalt sind, die Goyas ganzes Können zeigt.

Seit dem Mittelalter ist der 14 km nördlich von Madrid liegende Pardo-Palast königliche Residenz. Er wurde unter Kaiser Karl V. neu erbaut und dann von Karl III. beträchtlich erweitert. Dadurch erklären sich die zahlreichen Aufträge für Teppichkartons, die Goya erhält.

BRIDGE OF TOLEDO
MADRID

Goya ist ungewöhnlicherweise nicht nur ein genialer Künstler, sondern auch ein praktisch veranlagter Mensch. Er besitzt bereits ein Vermögen von 100 000 Reales (ein Gärtner verdiente höchstens 350 Reales jährlich) und bittet den klugen Geschäftsmann Zapater um Rat, wie er sein Geld am besten anlegen soll.

Materielle Sicherheit und Ruhm – Goya blickt dem Leben mit Optimismus entgegen. Doch 1781 erfährt er in Saragossa die größte Demütigung seiner Karriere.

Seit geraumer Zeit wünscht die Bauverwaltung von El Pilar, daß Goya für sie arbeiten soll. Im Mai 1780, als aus finanziellen Gründen die Arbeiten für die Teppichmanufakturen eingestellt werden, ist er verfügbar und zeigt sich bereit, einen Auftrag zu übernehmen. Durch die Vermittlung Bayeus wird ein Vertrag über 60 000 Reales für die Ausmalung einer einzigen Kuppel abgeschlossen.

Das Aussehen Madrids hat sich im 18. Jahrhundert durch die von den spanischen Bourbonen unternommenen Arbeiten sehr verändert: Straßen werden angelegt, Plätze erneuert, zivile und religiöse Gebäude erbaut, so z. B. der Königspalast, der den mittelalterlichen Alcázar ersetzt, die Zollämter, das königliche Hospital, die Akademien oder die Basilika von San Francisco el Grande. Den Reiz dieser 150 000 Einwohner zählenden Stadt machen ihre Plätze und ihre großartigen Brücken, wie hier die Brücke von Toledo, aus.

Am 5. Oktober 1780 präsentiert Goya, der sich in Saragossa niedergelassen hat, dem Kirchenvorstand von El Pilar zwei Entwürfe. Sie werden akzeptiert, und so kann er gleich mit dem Malen beginnen. Der Fuß der Kuppel gegenüber der Kapelle des hl. Joachim liegt 28 m über dem Fußboden. Sie besitzt einen Durchmesser von 12 m, die zu dekorierende Fläche ist 212 m^2 groß. Wie alle guten Freskomaler arbeitet Goya mit außerordentlicher Schnelligkeit. Er vollendet das ganze Gemälde in 41 Sitzungen, d. h. er braucht einschließlich der Vorbereitungen ungefähr vier Monate.

Am 14. Dezember 1780 kommt es zu einem Zwischenfall. Bayeu, der eine andere Kuppel ausmalt und außerdem die gesamten Arbeiten überwacht, benachrichtigt den Kanoniker Allué, den Verwalter der Baukommission, daß sein Schwager sich weigere, die von ihm geforderten Verbesserungen vorzunehmen. Der Kanoniker mischt sich ein, kritisiert die „unfertigen“ Stellen von Goyas Fresko und bemängelt, daß der Maler sich seinem Schwager, der als Leiter der Baustelle gilt, nicht genügend unterordnet. Am 11. Februar 1781 wird der Widerspenstige aufgefordert, die Ausmalung der Kuppel abzuschließen. Im März lehnen die Kanoniker Goyas Entwürfe ab, die sie als „unvollendet“ und „bei den Farben, Haltungen und der Faltenanordnung dieselben Mängel (wie das Fresko) aufweisend“ tadeln. Außerdem kritisieren sie, die „Caritas“ sei nicht so züchtig, wie sie sein solle, und die Hintergründe der anderen Entwürfe seien zu dunkel und zu dürftig. Allué schlägt vor, Goya dazu zu bestimmen, die Irrtümer in seinem Fresko, „die den Tadel der Öffentlichkeit herausgefordert haben“, zu verbessern. Das Ganze ist allerdings nur ein schlechter Vorwand, denn niemand außer Bayeu und seinen Kollegen hat die Erlaubnis, die schwindelnd hohen Gerüste zu besteigen, und vom Erdboden aus ist es unmöglich, die Qualität der Falten und den Pinselstrich eines in solcher Höhe angebrachten Gemäldes zu beurteilen. Es ist offensichtlich, daß Bayeu das Feuer angefacht hat. Er führt ein Kuppelgemälde so genau aus, als handele es sich um ein Staffeleigemälde, so daß man z. B. in der von ihm ausgemalten Kuppel von El Pilar von unten die Feinheiten in den Fresken nicht ausmachen kann. Goya gerät in Wut, protestiert im Namen der schöpferischen Freiheit des Künstlers bei der Baukommission von El Pilar und weigert sich arrogant, sich den Wünschen Bayeus zu unterwerfen.

„Tagewerk" nennt man die Malerei, die ein Freskant an einem Arbeitstag fertigstellt. Die Freskomalerei muß auf einer feuchten Wand ausgeführt werden. Deshalb wird vorher ein genauer Zeitplan ausgearbeitet. Pro Tag kann man etwa 3 – 4 m^2 malen. Das erfordert perfekte Übergänge zwischen den einzelnen Tagewerken. Anhand der abgegrenzten Malflächen kann man oft die Zahl der Tage ablesen, die ein Künstler benötigte, um ein Fresko zu malen.

Es wird so schlimm, daß sich Felix Salcedo, der Prior des Kartäuserklosters Aula Dei und Freund Goyas, einschaltet, um ihn zu beruhigen. Goya ergibt sich in sein Schicksal, macht neue Entwürfe nach den Weisungen seines intriganten Schwagers und beendet die Kuppel. Am 29. Mai 1781 gibt der Kanoniker Allué Anweisung, Goya die ihm zustehenden 45 000 Reales auszuhändigen. Sofort nach der Auszahlung, am 30. Mai, ist Goya mit seiner Familie wieder in Madrid. Er ist so wütend über Bayeu und die aragonesischen Geistlichen, daß er lange Zeit nicht mehr in seine Heimatprovinz zurückkehrt.

Goyas Fresko in Saragossa kündigt bereits die Kühnheit der fast 20 Jahre später, nämlich 1798, ausgemalten Kuppel von San Antonio de la Florida an. Die Kühnheit der Komposition, das optische Können und die vollendete Beherrschung der Technik machen aber bereits das Gemälde von El Pilar zu einem Meisterwerk. Der Maler hat von seinen großen Vorgängern in Rom, besonders von Michelangelo, gelernt und weiß, daß man 30 m über der Erde eine Personengruppe nicht so darstellen kann wie auf Augenhöhe. Die von Goya geschaffene Himmelswelt, die höfisch und volkstümlich zugleich ist, ordnet sich leicht und ungezwungen um die Jungfrau als Königin der Märtyrer. Diese hat ein glückstrahlendes Gesicht, in dem der Künstler unbefangen seinen tiefen Glauben ausdrückt. Für spätere Generationen erscheint die Palette Goyas nicht mehr so „mangelhaft" wie für die Kanoniker seiner Zeit. Vielmehr offenbart die vitale Farbharmonie das außerordentliche Farbempfinden des Malers.

Nach seiner Rückkehr nach Madrid nimmt Goya Rache.

Seit einigen Jahren kann Goya in der Hauptstadt auf Unterstützung zählen. So protegiert ihn sein Freund Juan Martín de Goicoechea, der im Vorstand der Gesellschaft des Canal Imperial de Aragón ein enger Mitarbeiter des allmächtigen und am Hof sehr einflußreichen Kanonikers Pignatelli ist. Am 25. Juli 1781 teilt Goya Zapater triumphierend mit, daß „Seine Majestät beschlossen hat, daß die Gemälde ausgeführt werden", die für die Kapellen der Kirche San Francisco el Grande in Madrid bestimmt sind. Für dieses Vorhaben sind neben Goya auch „der große Bayeu" und Maella ernannt worden. Die Wiedererrichtung der Kirche dauert schon seit 1760 an, und ihre Vollendung ist dem Architekten Sabatini anvertraut worden, von dem Goya für alle Arbeiten für den Hof abhängig ist. Das Thema von Goyas Gemälde soll aus dem Leben des hl. Bernhard von Siena stammen. Ende August 1781 beginnt Goya mit dem Entwurf: Er stellt die „Predigt des hl. Bernhard von Siena vor König Alfons V. von Aragón" dar. Kurze Zeit später unterbreitet er den Entwurf dem Grafen von Floridablanca, der offenbar damit beauftragt ist, das Unternehmen

In den letzten Jahren haben Entdeckungen in Archiven, Röntgenaufnahmen und Veröffentlichungen wenig bekannter Werke die Kenntnis von Goyas Œuvre vollständig verändert. Die Farbfotos von Details des Freskos in El Pilar, die 1983 veröffentlicht wurden, haben erst seine außergewöhnliche Qualität offenbart. Wäre die Kuppel von El Pilar ebenso aus der Nähe sichtbar gewesen wie die von San Antonio de la Florida, die sich nur 10 m über dem Boden befindet, hätten die Kunsthistoriker wohl viel früher erkannt, daß sich Goyas Begabung schon in jungen Jahren zeigt.

zu überwachen. Goya schreibt ihm, um die Wahl seines Themas zu rechtfertigen, das wegen der Knappheit des vorgeschriebenen Formats (knapp 5 x 3 m) schwierig zu komponieren ist. Wie immer beschäftigt er sich intensiv mit den Problemen des Raums. Am 11. Januar 1783 werden die Gemälde in San Francisco el Grande angebracht, aber erst am 8. Dezember 1784 begibt der König sich endlich in die neue Kirche, in der Pater Eleta – der von seinen Feinden „Pater Tolpatsch“ genannt wird – eine feierliche Messe liest. Drei Tage später wird Goya von allen Seiten beglückwünscht. Allerdings ist das Werk trotz einiger wunderbarer Partien etwas enttäuschend (Goya hat sich selbst mit strahlendem Gesicht rechts auf dem Bild dargestellt, ein Bildnis, das er so sehr liebt, daß er davon ein separates Selbstbildnis anfertigt).

Offensichtlich spielt Jovellanos' Protektion in den 1780er Jahren eine gewisse Rolle in Goyas Leben. Das geht daraus hervor, daß Cabarrús, der 1782 ermächtigt wird, die erste Nationalbank Spaniens, die Banco Nacional de San Carlos, zu gründen, Jovellanos' Mitwirkung bei der Beglaubigung der zentralamerikanischen Konten gewinnt und daß Goya nur wenig später Geld bei diesem neuen Geldinstitut anlegen kann, da er „dort einige Freunde“ habe.

Ende Januar 1783 erhält Goya den Auftrag, das Portrait des Grafen von Floridablanca zu malen. Die Portraitkunst nimmt einen wesentlichen Platz in Goyas Schaffen ein, da sie ihm erlaubt, Charakterstudien seiner Modelle anzustellen. Dadurch hat er uns eine erstaunliche, an die „Comédie humaine“ erinnernde Galerie hinterlassen, die in vieler Hinsicht Honoré de Balzacs Betrachtungsweise vorwegnimmt.

Anhand von Goyas Korrespondenz kann man das Fortschreiten von Floridablancas Portrait verfolgen. Am 26. April hat er den Kopf des Ministers „ad vivum“ gemalt: „Er ist sehr ähnlich.“ Es geht darum, ein wirklichkeitsgetreues Bild zu schaffen. Die Realität auszuschmücken oder körperliche Häßlichkeit zu mildern, kommt nicht in Frage. Doch eine gewisse Steifheit in der Haltung, das schlecht zur Komposition passende Helldunkel und die nicht optimal ausgewählten Farben belegen, daß Goya noch Schwierigkeiten mit einem offiziellen Portrait hat, bei dem seine Liebe zum Realismus durch die Notwendigkeit der Beachtung des Dekors beeinträchtigt wird. Schon kurze Zeit später aber kann er beide Elemente vollendet kombinieren.

Die Banco Nacional de San Carlos wird 1782 von Cabarrús, der vom Finanzminister, Graf von Gausa, und von Floridablanca gefördert wird, gegründet. Vornehme Herren wie der Graf von Altamira, der Schwager des Herzogs von Alba, gehören zur Direktion der Bank. Die Aktivitäten der Bank stoßen in den ersten Jahren ihres Bestehens in Europa auf großen Beifall.

Don José Moniño, Graf von Floridablanca (*Murcia 1728, † Sevilla 1808), Rechtsanwalt und später hoher Beamter, macht sehr früh durch seine Qualitäten als Jurist auf sich aufmerksam. 1772 ist er Botschafter Spaniens in Rom, 1777 wird er zum Ersten Staatssekretär ernannt, das entspricht dem Amt des Premierministers. Er, der als „golilla" (Schriftsteller) bezeichnet wird, muß erst den Widerstand des spanischen Hochadels brechen, um die Reformen verwirklichen zu können, die ihn zu einem der aufgeklärtesten Männer Spaniens machen. Die Auswirkungen der Französischen Revolution auf die spanische Politik verursachen 1792 seinen Sturz. Ein Auftrag von einer solchen Persönlichkeit ist ein wichtiges Ereignis für Goya. Er vertraut ihn seinem Freund Zapater unter dem Siegel der Verschwiegenheit an, sonst weiß nur seine Frau Josefa noch davon. Er schreibt, er sei nach dem Mittagessen zwei Stunden mit dem Staatsmann zusammengewesen, und fügt hinzu, daß er nicht um diesen Auftrag gebeten habe, auf den er so stolz sei. Durch die langen Portraitsitzungen mit Personen des öffentlichen Lebens erlangen manche Künstler, darunter auch Goya, eine außergewöhnliche Stellung und werden manchmal sogar in politische Geheimnisse eingeweiht.

Der Aufstieg des Portraitisten.

Anfang des folgenden Jahres erlebt Goya eine Enttäuschung: Er stellt fest, daß Floridablanca ihn vergessen hat. Aber statt sich in seinen Kummer zu vergraben, wendet sich Goya anderen, aber nicht weniger bedeutenden Geldgebern zu. Dabei handelt es sich u. a. um den Infanten Don Luis, den jüngeren Bruder König Karls III., der 1776 im Alter von 49 Jahren unter seinem Stand die 17jährige Aragonesin María Teresa Vallabriga geheiratet hat. Wegen dieser Mißheirat ist er verpflichtet, fern des Hofes zu leben. Er besitzt mehrere Residenzen, eine von ihnen ist

Arenas de San Pedro am Südhang der Sierra de Gredos, etwa 180 km westlich von Madrid. Am 20. September 1783 schreibt Goya an Zapater, als er erschöpft aus Arenas de San Pedro zurückkommt: „Seine Hoheit hat (mir) tausend Ehren erwiesen, (ich) habe sein Portrait, das seiner Gattin, des kleinen Sohns und der kleinen Tochter mit unverhofftem Erfolg gemalt, vier andere Maler haben das nicht erreicht." Goya verbringt einen Monat in Arenas de San Pedro, wo er sogar zweimal in Begleitung von Don Luis, der ein sehr guter Schütze ist, auf die Jagd geht. Der Prinz und die Prinzessin erweisen sich als sehr großzügig und geben ihm 1000 Duros (20000 Reales) und ein Hauskleid ganz aus Silber und Gold für seine Frau, das nach Auskunft des Kammerdieners 30000 Reales wert ist.

Goyas Brief ermöglicht es, die Entstehungszeit der Einzelportraits von Don Luis und seiner Familie sehr genau zu bestimmen. Zwei Profilstudien von Don Luis und seiner Gattin tragen auf der Rückseite darüber hinaus Angaben über Entstehungszeit und -dauer: Sie beträgt in beiden Fällen drei Stunden.

Im Oktober 1784 begibt Goya sich erneut nach Arenas, wo der Infant ihm 30000 Reales für zwei weitere Gemälde bewilligt: sehr wahrscheinlich für das „Reiterportrait der Doña Vallabriga" und die ungewöhnliche, großartige „Familie des Don Luis", eines der ersten großen Meisterwerke Goyas. Man nimmt an, daß Don Luis den Maler zur selben Zeit auch beauftragt, seinen Lieblingsarchitekten Ventura Rodríguez zu malen. Dieses wichtige Portrait von hoher Qualität ist ganz in Grautönen gehalten. Hier verliert Goya zum ersten Mal seine Befangenheit vor dem sozialen Rang seines Modells: Es gelingt ihm nicht nur, die Züge des Architekten wirklichkeitsnah wiederzugeben, sondern auch die psychologischen Feinheiten seines Charakters herauszuarbeiten.

Der Architekt Ventura Rodríguez steht vor einer symbolischen Säule. In der Hand hält er den Grundriß der Gnadenkapelle der Basilika El Pilar, die er kurz zuvor gebaut hat.

Doña María Teresa Vallabriga y Rozas, 1759 als Tochter einer adligen Familie in Aragón geboren, heiratet 1776 Don Luis de Bourbon, den Bruder des Königs. Sie ist der Jungfrau Maria von El Pilar sehr zugetan und stiftet der Schatzkammer der Basilika eine Nelke aus Diamanten, ihr Hochzeitsgeschenk von Don Luis.

Mit dem Bild „Die Familie des Infanten Don Luis" zeigt Goya uns etwas von der Privatsphäre des Prinzen und seiner Verwandten. Der Prinz selbst, umgeben von seinen beiden ältesten Kindern, spielt Karten, während sich seine Gattin im Schein einer Wachskerze frisieren läßt und das jüngste Kind im Arm seiner Amme ruht. Das Gemälde ähnelt einem Nachtbild von Rembrandt, von dem Goya die Technik, warme und farbige Halbschatten zu erreichen, übernimmt. Das Bild läßt aber eine natürliche und entspannte Atmosphäre, wie sie Rembandt als Maler des holländischen Bürgertums vermitteln konnte, nicht zu. Die Personen erscheinen selbst in dieser privaten Situation bis in ihre Körperhaltung hinein maskenhaft, befangen und von den Konventionen der spanischen Aristokratie bestimmt.

Don Luis (im Profil am Tisch sitzend) wird im Alter von acht Jahren Kardinal, legt 1746 aber das kirchliche Gewand ab und heiratet María Teresa Vallabriga. Das kleine Mädchen links auf dem Bild in der Nähe des Malers ist die Gräfin von Chinchón, die später mit Godoy verheiratet wird. Im Jahr 1800 steht sie Goya für eines seiner schönsten Bildnisse Modell.

Für Goya ist das Jahr 1784 sehr arbeitsintensiv. Im ersten Halbjahr malt er vier Gemälde für das Calatrava-Kolleg in Salamanca, die auf Betreiben von Jovellanos bei ihm bestellt wurden. Sie sind allerdings nicht erhalten, da sie in den napoleonischen Kriegen zerstört wurden.

Es gibt eine poetische Legende über die Calle del Desengaño: Im 16. Jahrhundert machte ein junger, vornehmer Herr einer Dame den Hof, die in diesem verlassenen Viertel wohnte. Eines Nachts sah er vier Herren vorbeigehen, die einem weiß verschleierten Schatten folgten. Er schloß sich ihnen an, und als sie den Schatten einholten und ihm seinen Schleier wegnahmen, erblickten sie nur eine Mumie und riefen: „Quel desengaño!" (Welche Enttäuschung!)

Auch Goyas Privatleben prosperiert im neunten Jahrzehnt des 18. Jahrhunderts.

Seit 1779 wohnt Goya mit seiner Familie in der Calle del Desengaño Nr. 1 in einem alten, steil ansteigenden Stadtteil im Nordosten Madrids, einem der ältesten und schönsten Viertel der Hauptstadt, das heute nur noch teilweise erhalten ist. Dort lebt er bis zu seiner Ausreise nach Frankreich 1824, also 45 Jahre lang. Nur einmal, im Jahr 1800, wechselt er das Wohnhaus und zieht in den zweiten Stock des gegenüberliegenden Hauses an der Ecke der

Calle del Desengaño und der schönen Calle de Valverde. Ins Atelier in der ersten Wohnung des Meisters kommt 1795 die Herzogin von Alba, um sich das Gesicht schminken zu lassen und gut auszusehen. In der zweiten Wohnung sitzt 1812 der Duke of Wellington für sein Portrait Modell. Das Viertel steckt, wie man sieht, voller Schatten berühmter Persönlichkeiten.

In der Calle del Desengaño wird am 2. Dezember 1784 Goyas Sohn Francisco Javier geboren, das einzige seiner Kinder, das die Kindheit überlebt. „Hoffen wir, daß dieses groß werden kann", wünscht sich Goya, und das um so mehr, als Josefa nach der Entbindung schwer erkrankt ist. Goya, der selten über politische Ereignisse spricht, da die Korrespondenz oft von der Polizei geöffnet wird, berichtet im Januar 1785 vom Tod von Cabarrús' Beschützer, dem Finanzminister Muzquiz. Dieser Tod liefert Cabarrús seinem ärgsten Feind, dem neuen Minister Pedro de Lerena, aus. Dieser strenge und arbeitsame Mann, der die Arbeiten des Hofes überwacht, soll eine unheilvolle Rolle in Goyas Karriere spielen.

Der Blinde mit Gitarre und seinem Lazarillo (Blindenführer)" aus dem Jahr 1778 stellt die Plazuela de la Cebada nicht weit von San Francisco el Grande dar. Der Blinde erinnert schon sehr an die „Schwarzen Gemälde". Es ist der einzige Teppichkarton, von dem Goya selbst eine Radierung anfertigt. Es ist wahrscheinlich eine seiner ersten, auf jeden Fall aber seine größte Radierung, von der weniger als ein Dutzend Abzüge bekannt sind. Im selben Jahr schöpft Goya bei den Radierungen nach Velázquez erstmals alle Möglichkeiten der Aquatinta aus, einer kurz zuvor erfundenen Ätztechnik, die auch bei Drucken eine eher malerische Handschrift ermöglicht und im Charakter der Tuschzeichnung ähnlich ist.

1785 trifft Goya den Marquis und die Marquise von Peñafiel, die späteren Herzöge von Osuna, seine treuesten Auftraggeber für 30 Jahre.

Die Marquise von Peñafiel, Gräfin von Benavente, ist eine der bemerkenswertesten Frauen der spanischen Oberschicht, zierlich, elegant, gebildet und eine gute Mutter. Sie fördert Musiker, Dichter, Künstler und Schauspieler. Goya wird sehr schnell ihr Lieblingsmaler und erhält 1785 den Auftrag, sie und ihren Gatten zu malen. Das „Portrait der Gräfin-Herzogin von Benavente" imitiert, selbst bis in das Gewand, das Bildnis der Königin Marie-Antoinette von Elisabeth-Louise Vigée-Lebrun (1755 – 1842). Goya gelingt es jedoch, es nicht zu einem konventionellen Hofbild werden zu lassen.

Man weiß, daß Goya sich sehr für die Kunst des Stierkampfs interessiert hat. Das belegen mehrere Gemälde, darunter „Stierkampf im Dorf" und die berühmte, „Tauromaquia" genannte Serie von Radierungen von 1816. Goya stellt darauf die beiden berühmtesten Toreros seiner Zeit dar: Costillares und Pedro Romero (rechts). Romero ist das Idol der Armen und ein Günstling des Herzogs und der Herzogin von Osuna.

Damit wird Goya zum besten Portraitisten seiner Zeit. Von nun an ist er in der Lage, Könige und Toreros mit derselben Wahrhaftigkeit zu malen.

Selbstverständlich begleitet er den Marquis von Peñafiel auch auf die Jagd, und natürlich „fiel (ich) auf und wurde beachtet", wegen der Anzahl der erlegten Tiere, berichtet er Zapater.

Inzwischen scheint Goya die Stunde gekommen, offizielle Ehrungen zu erbitten. So bewirbt er sich am 2. Februar 1785 um den Posten des stellvertretenden Direktors für Malerei an der Academia de San Fernando und wird am 4. Mai auch dazu ernannt. Er verspricht Zapater, ihn im August zu besuchen, nachdem er ein Portrait für Lerena vollendet hat. Doch Goya ändert seine Pläne und fährt zwei Wochen zur Jagd nach Chinchón, einem hübschen

„Man hat gesagt und allerorten wiederholt, daß die Lust an Stierkämpfen in Spanien nachließe und die Zivilisation sie bald zum Verschwinden bringen würde. Wenn die Zivilisation das bewirkte, wäre es um so schlimmer für sie, denn ein Stierkampf ist eines der schönsten Schauspiele, das der Mensch sich vorstellen kann. Aber jener Tag ist noch nicht gekommen, und die empfindlichen Schriftsteller, die das Gegenteil behaupten, müssen sich nur einmal an einem Montag zwischen vier und fünf Uhr an das Alcala-Tor begeben, um sich zu überzeugen, daß die Vorliebe für diese blutrünstige Zerstreuung weit davon entfernt ist, nachzulassen."

Théophile Gautier, „Voyage en Espagne"

Marktflecken in der Umgebung von Madrid, in dem sein Bruder Camilo Kaplan ist. Anscheinend ist ihre Mutter Gracia Lucientes, um die Goya sich stets kümmert, 1785 gestorben. Der Vater war bereits 1781 verschieden.

Der verletzte Maurer" von 1786/1787 illustriert die Sozialgesetze, die König Karl III. erläßt, um die Arbeiter zu schützen. Der nach diesem Karton gewebte Teppich soll im Königspalast an das Interesse erinnern, das Karl III. für die Verbesserung der wirtschaftlichen Situation seines Volkes hegt.

Nach seinem 40. Lebensjahr erlangt Goya eine völlige Freiheit im Ausdruck.

Sie ist das Ergebnis harter Arbeit und des Willens, seine Unvollkommenheit zu besiegen. Der einzige Schatten, der auf diese idyllische Epoche fällt, ist der Tod des Infanten Don Luis im Jahr 1785. Durch die Person dieses Prinzen, der sich seiner Frau und seinen Kindern zuliebe vom höfischen Leben zurückgezogen hatte, hat Goya erfahren, daß auch Duldsamkeit und Güte Charakterzüge der Großen sein können.

Trotz des Verlusts eines so wichtigen Mäzens geht es mit Goyas Karriere weiter aufwärts, und auch das Jahr 1786 wird sehr erfolgreich. Er befindet sich im Vollbesitz seiner Fähigkeiten: Er schafft danach nichts Besseres, er schafft nur anderes, denn die Umstände fordern von ihm, seine Technik und seinen Stil immer wieder den politischen und sozialen Gegebenheiten anzupassen. In einer Zeit, in der die Revolution der kommenden Jahre schon ihre Schatten vorauswirft, malt Goya den noch einmal aufblühenden Zauber, die sorglose „Lieblichkeit des Lebens" der spanischen Oberschicht, so wie er später ohne Aufforderung die Schrecken des Krieges anprangert.

Mit dem Erfolg kommt das Geld, auch wenn die Einkünfte nach Goyas Meinung nie genug steigen.

Goya gibt an, daß er mit den Gewinnen aus der Bank und dem Honorar der Akademie über nicht mehr als 12 000 bis 13 000 Reales im Jahr verfüge. Glücklicherweise erhält er ab dem 25. Juni 1786, an dem er zum Königlichen Maler (Pintor del Rey) ernannt wird, noch ein festes Gehalt von jährlich 15 000

Reales. Für 7000 Reales erwirbt er sogleich ein „birlocho", eine kleine, zweirädrige englische Kutsche, „ganz vergoldet und lackiert, und man bleibt stehen, um sie zu betrachten". Bereits bei der ersten Ausfahrt stürzen Pferd und Kutsche in den Graben, doch wie durch ein Wunder trägt Goya nur eine leichte Verletzung am Knöchel davon. Bayeu rühmt sich, Goyas Ernennung zum Königlichen Maler erwirkt zu haben. Vielleicht ist das der Grund für die Aussöhnung der Schwäger. Jedenfalls malt Goya 1786 ein herrliches Portrait Bayeus, das durch seine erstaunlich freie Ausführung in gedämpften braun-roten Tönen besticht.

Goyas Hauptaufgabe am Hof indessen besteht auch weiterhin darin, Teppichkartons zu malen. Im Sommer 1786 erhält er den Auftrag für eine neue Serie, die für den königlichen Speisesaal im Pardo-Palast bestimmt ist. Am 12. September berichtet er Zapater, daß er an den Entwürfen arbeite. Im folgenden Herbst werden sie dem König und den Prinzen, die damit sehr zufrieden sind, im Escorial-Palst vorgelegt. Diese Skizzen sind tatsächlich außergewöhnlich: „Der Frühling", „Der Sommer", „Der Winter", später ergänzt durch „Der verletzte Maurer" und „Die Armen am Brunnen" sind zwar traditionelle Themen, die aber durch das frische und spontane Sehen Goyas vollkommen neu gestaltet sind. Die nach den Entwürfen geschaffenen Kartons gehören heute zu den berühmtesten Werken Goyas: Es gelingt ihm, die Weinlese, die Ernte im goldenen Sommerlicht oder den eiskalten Winter in dem der Dekorationskunst eigenen Stil wiederzugeben. Er verwendet die Farben in diesen Entwürfen, die alle in den Jahren 1786 und 1787 entstehen, in transparenten Abstufungen, was den Eindruck einer größeren Farbigkeit erweckt. Von Velázquez hat er gelernt, die durch das Licht bewirkten Veränderungen der Farben zu beobachten, wodurch er ein Maximum an Reliefhaftigkeit erreicht, ohne einen gewaltigen Gegensatz von Schatten und Helligkeit zu schaffen.

Diese „ästhetisierte Armut" entspricht sicher nicht der realen Situation einer Familie im Elend. Um so treffender illustriert der Karton jedoch die Unterschiede zwischen der Welt des einfachen Volks und den Vorstellungen, die sich der Adel davon macht.

Die Teppichkartons: Ein irreales Abbild des Alltags

Im Gegensatz zu den Königen des vorangegangenen Jahrhunderts lieben die Prinzen von Bourbon weder die Darstellung des Elends noch die Erinnerung an den Tod. Als Reformer glauben sie, daß durch das Darstellen einer optimistischen Vorstellung vom volkstümlichen Leben in seinen glücklichsten Augenblikken die Verbesserung des Lebensstandards gefördert werden kann. Deshalb darf man Goyas Teppichkartons nicht als authentisches soziales Zeugnis seiner Zeit verstehen, sondern muß im Gegenteil darin einen Propagandawunsch sehen, dem das wachsende Genie Goyas eine erstaunliche Lebenskraft einflößt. Die künstliche Natur des Auftrags macht es Goya fast unmöglich, vom konventionellen Stil der Teppichmanufaktur abzuweichen. Er bemüht sich trotzdem, den Figuren einen lebendigen Zug zu verleihen.

Der berühmteste Karton der Serie „Die vier Jahreszeiten“ ist „Der Herbst“ oder „Die Weinlese“ (rechts, Ausschnitt).
Auf dem Karton „Der Frühling“ oder „Die Blumenverkäuferinnen“ (links) werden die jungen, anmutigen Frauen von einer drolligen Person begleitet, die mit einem Kaninchen spielt.

Die Teppichkartons: Die Wirklichkeit der Feldarbeit

Bei „Der Sommer" oder „Die Ernte", einer riesigen Komposition von 3 m Höhe und 6,40 m Breite, kommt der Realismus wieder zu seinem Recht. Goya stellt darauf mit einer Vorliebe für die ländliche Wirklichkeit eine Gruppe Schnitter bei der Siesta dar, die an den 70 Jahre später geborenen Gustave Courbet erinnert. Bei dem Gemälde handelt es sich nicht mehr um die bühnenwirksam gestaltete Version der Natur, sondern um die Natur selbst, die mit ergreifender Treue in ihrer täglichen Realität dargestellt wird. Dennoch strahlt sie eine intensive Poesie aus und lebt von ihrer meisterhaften Machart mit Goyas erstaunlicher Freiheit im Pinselstrich.

Die Teppichkartons: Ein anderes Bild der Natur

Beim Malen von „Der Winter“ oder „Der Schneefall“ erinnert Goya sich offensichtlich an seine ländliche Herkunft und die rauhen Winter in Aragón. Man hat den Eindruck, daß die Kälte hier intensiver, durchdringender als anderswo ist und daß man in einer fremden, grauen Welt umherirrt. Angesichts dieser rauhen Wirklichkeit wirft Goya einen mitfühlenden Blick auf Personen und Gegenstände.

Die Portraits sind von fast erschreckendem Realismus. Er beendet die Serie im Lauf des Jahres mit dem Portrait von Cabarrús, der in moderner Komposition ohne Dekoration vor neutralem Hintergrund steht. Der Gründungsdirektor der Bank ist in kräftig mandelfarbene Seide gekleidet. Seine sprichwörtliche Zwanglosigkeit scheint Goya, der es nicht liebt, Gestalten in Bewegung darzustellen, verwirrt zu haben.

Am 22. April 1787 begibt Goya sich nach La Alameda, dem Landsitz der Osunas, um dort sieben Gemälde zu übergeben, die einen Salon des kleinen Palasts schmücken sollen. Die Themen sind zur Hälfte typisch für das Rokoko, zur Hälfte zeitgenössisch geprägt. „Der Sturz vom Esel“ oder „Die Schaukel“ finden sich in jedem Boudoir in Europa. Das volkstümliche Spiel um den „Maibaum“, der blutige „Überfall auf die Postkutsche“, die „Dorfprozession“ oder die „Auslese der Stiere“ (verschollen) atmen dagegen mehr volkstümlichen Geist. Alle diese Themen sind mit einer märchenhaften Farbgebung, mit einer Behendigkeit des Pinsels, einem Empfinden für Raum und Licht gemalt, die von nun an Teil von Goyas Welt sind und die er mit derselben Leichtigkeit handhabt, wie andere Leute atmen.

Cabarrús wird nach Frankreich gerufen, um dort, wie es heißt, einen hohen Posten im Finanzwesen zu übernehmen. Von Ende April bis August 1787 hält er sich in Paris auf, begleitet von dem jungen Dichter Leandro de Moratín, den Jovellanos ihm als Sekretär empfohlen hat und der ein enger Freund Goyas wird. Hatte der Maler vielleicht die Absicht, ihnen nach Paris zu folgen? Jedenfalls beginnt er, Französisch zu lernen, wie er Zapater am 14. November 1787 mitteilt: „Ich werde versuchen, mein lieber Freund, Ihnen auf Französisch zu schreiben, da ich weiß, daß Sie diese Sprache lieben. Ich habe vor, sie zu erlernen.“ Goya gibt ehrlich zu, daß er Zapater nur seine ersten Versuche schickt, und bittet ihn um sein Wörterbuch. Früher, Anfang Juni 1787, hat Goya Zapater davon benachrichtigt, daß er bis zum Fest der hl. Anna (26. Juli) drei Gemälde mit lebensgroßen Figuren, die auf Anordnung des Königs bei ihm bestellt worden

sind, vollendet haben muß. Sie sind für die Altäre der Kirche des Konvents Santa Anna in Valladolid bestimmt. Diese Gemälde zeigen den „Hl. Joseph auf dem Totenbett", den „Hl. Bernhard" und die „Hl. Luitgarde". „Bisher habe (ich) noch nichts begonnen!" (Goya bleiben noch fünf Wochen), aber er ist sehr zufrieden. „Übrigens, den Mauleselinnen geht es gut, der Kutsche, die ich neulich ausprobiert habe, auch." Bei all diesen Aktivitäten muß Goya die Gemälde schließlich sehr schnell malen, vielleicht sogar mit Unterstützung eines Gehilfen. Da es sich um einen königlichen Auftrag handelt, wagt er es nicht, skizzenhaft zu arbeiten, was für ihn sehr viel bequemer wäre ... Seltsamerweise sind die Kompositionen in neoklassizistischem Stil ausgeführt, der im Werk des Meisters selten ist. Bei den beiden Gemälden, die er im folgenden Jahr (1788) ausführt, Aufträge des Herzogs und der Herzogin von Osuna zu Ehren ihres heiligen Ahnherrn Franz von Borja, ist er erfolgreicher. Sie sind für die dem Heiligen geweihte Kapelle in der Kathedrale von Valencia bestimmt. Goya erhält dafür 30000 Reales, die ihm im Lauf von zwei Jahren in Raten ausbezahlt werden. Das Bild „Der hl. Franz von Borja nimmt Abschied von seiner Familie" ist fast venezianisch in Manier und Kolorit. Auf dem anderen Gemälde „Der hl. Franz von Borja am Sterbebett eines Unbußfertigen" erscheinen erstmals in Goyas Werk phantastische Ungeheuer als Vorboten der Caprichos und der Schwarzen Gemälde.

Goya entwickelt sich: Sein Wesen wird tiefsinniger, und obgleich man gewissen vertraulichen Mitteilungen kritisch begegnen muß – so z. B., wenn er an Zapater schreibt, daß er „mit vielen Falten alt geworden sei" und daß sein Freund „ihn nicht wiedererkennen würde, außer an der Stupsnase und den tiefliegenden Augen" –, so steckt doch sicher ein Körnchen Wahrheit in diesem Bekenntnis.

François Cabarrús (1752–1811), Finanzmann und brillanter Ökonom, spielt in Spanien zwischen 1780 und 1800 eine bedeutende Rolle.

Im Jahr 1788 schreibt Goya ebenfalls, er sei mit Arbeit überlastet.

Er habe, schreibt er am 31. Mai 1788, einen Auftrag für das Schlafzimmer der Infantinnen im Pardo-Palast erhalten und arbeite mit Sorgfalt daran, „weil das eine Sache ist, die der König sehen muß". Und weiter: „Die Themen sind sehr schwierig und bereiten (mir) viel Mühe, vor allem die ‚Wiese des hl. Isidor' am Festtag des Heiligen mit all der Unruhe, die bei solchen Anlässen gewöhnlich herrscht."

Nach Goya stellt „La Cucana" (links) „einen Maibaum auf einem Dorfplatz dar, an dem Jungen hochklettern, um die Belohnung zu erhalten, die aus Hühnern und kranzförmigen Kuchen besteht und die an der Spitze des Baumes hängt. Menschen beobachten sie dabei."

Wir wissen heute, daß die herrliche Ansicht Madrids, die den Titel „Die Wiese des hl. Isidor" trägt, 1788 gemalt wurde, d. h. 10 Jahre früher, als man bislang annahm: ein weiteres Indiz dafür, wie schwierig es ist, ein Bild Goyas nur auf Grund seines Stils zu datieren. Zu den anderen ehrenvollen Aufträgen gehören das Bildnis der „Gräfin von Altamira (der Schwägerin der Herzogin von Alba) und ihrer Tochter", sowie die Portraits ihrer Söhne, „Der Graf von Trastamare" und der berühmte kleine Junge in Rot, der drei- oder vierjährige „Manuel Osorio".

Inzwischen hat Goya die volle Meisterschaft bei Kinderbildnissen erlangt: Sie erscheinen in natürlicher Anmut, Grazie und Unbefangenheit. Man spürt, daß der Maler, selbst Vater eines kleinen Jungen, an ihm die natürlichen Haltungen der Kindheit beobachtet. Bei dieser Gattung zwangloser Portraits steht es Goya frei, ähnlich wie Velázquez auf Dekor zu verzichten. Dieselbe Kühnheit der Komposition besitzt auch das „Bildnis der Familie des Herzogs von Osuna", in dem ebenfalls die Wahrhaftigkeit der Modelle erhalten bleibt und alle Affektiertheit vermieden wird.

Karl III. stirbt im Dezember 1788, und sein Sohn, der Prinz von Asturien, besteigt als Karl IV. mit seiner Frau María Luisa den spanischen Thron. Vermutlich empfinden die beiden, die nie aufhörten, gegen den alten Monarchen Ränke zu schmieden, da dieser sie eng im Zaum hielt, nicht viel Trauer. Trotz der von der Hofetikette vorgeschriebenen strengen Trauer – „Nicht so viel schwarzen Trauerflor!" fleht Goya ironisch – atmet Königin María Luisa auf. Sie beginnt, ihre Günstlinge zu plazieren, in erster Linie ihren Geliebten, den jungen Leibgardisten Manuel Godoy, der schleunigst befördert wird. Goya wird am 30. April 1789 zum Hofmaler (Pintor de cámara) ernannt. Diese Beförderung verdankt er neben der Protektion durch Karl IV. auch Jovellanos.

Das Fest des Schutzheiligen von Madrid, des hl. Isidor, wird am 15. Mai gefeiert. Goyas Gemälde „Die Wiese des hl. Isidor" zeigt das volkstümliche Fest, das auf dem rechten Ufer des Manzanares direkt gegenüber von Königspalast und San Francisco el Grande stattfindet. In diesem Stadtviertel kauft Goya 30 Jahre später das „Haus des Tauben".

Das „Bildnis der Familie des Herzogs von Osuna" wurde 1788 gemalt (was zu betonen ist, zumal sich viele Autoren über die Entstehungszeit täuschten). Da die Herzogin ihre Erstgeborenen verlor, als diese noch in sehr zartem Alter waren, sind die hier dargestellten Kinder noch sehr jung, obwohl die Mutter bereits 36 Jahre alt ist. Die Älteste, Manuela, ist fünf Jahre alt, die zweite, Joaquina, die zukünftige Marquise von Santa Cruz (von Goya später ebenfalls portraitiert), ist vier, der ältere Sohn, Francisco de Borja, ist drei und Pedro Alcantara zwei Jahre alt.

1

3

4

Goya (1) betrachtet Kinder auf andere Art als die herkömmlichen Hofmaler: Sie werden von ihm nicht als verkleinerte Ausgabe von Erwachsenen dargestellt, sondern ihrem kindlichen Wesen entsprechend.

„Ich habe einen vierjährigen Sohn, der so schön ist, daß man sich in Madrid auf der Straße nach ihm umsieht. Er war so krank, daß ich während der ganzen Zeit seiner Krankheit nicht gelebt habe. Gott sei Dank geht es ihm nun besser."

Brief an Zapater

Der kleine Junge in Rot (4), Don Manuel Osorio Manrique de Zuniga, spielt mit einer Elster, der die Katzen in der Ecke aufzulauern scheinen. Für Goya sind Katzen unheilvolle Tiere, die er in den Caprichos als grauenerregende Wesen darstellen wird.
Der Sohn des Herzogs von Osuna (3, Ausschnitt aus dem Bild auf der vorhergehenden Seite), Don Pedro de Alcantara, wird später Maler, Mitglied der Academia de San Fernando und Direktor des Prado. Francisco de Paula (2), einer der spanischen Infanten, ist der Lieblingssohn der Königin María Luisa. Diese Skizze war für das große Gemälde „Die Familie Karls IV." bestimmt.

Drittes Kapitel

DIE UNBESTÄNDIGKEIT DES GLÜCKS

Am 5. Mai 1789 werden in Frankreich die Generalstände ins Leben gerufen, die alle Übel des alten Europa aufdecken wollen. Noch bevor das spanische Volk etwas von der Französischen Revolution erfährt, beunruhigen die ersten Geplänkel das umfassend darüber informierte Kabinett am Hof in Madrid sehr. Und schon bald schickt König Ludwig XVI., der mit der Situation in seinem Land nicht zurechtkommt und nach dem 14. Juli zunächst an eine Flucht nach Spanien denkt, einen Hilferuf an seinen Vetter Karl IV.

Die Strohpuppe" (links) zeigt vordergründig das volkstümliche Spiel „Pelele". Tatsächlich ist es eine ziemlich ironische Anspielung auf die politischen Umwälzungen der Zeit und auf den plötzlichen Wechsel der Premierminister im Jahr 1792.

Goya, der tausend Meilen von all dem entfernt und sehr ausgelassen über seine vor kurzem erfolgte Beförderung ist, malt mehrere Portraitserien von Karl IV. und María Luisa, die in der Mehrzahl ziemlich enttäuschend sind. Der durch den Regierungswechsel und die Umwälzungen in Frankreich beunruhigte Hof interessiert sich kaum noch für die Ausschmückung der königlichen Paläste: Die Anfertigung von Teppichkartons wird unterbrochen, was Goya sehr gelegen kommt. Er erhält weniger Aufträge von den hohen Herren und beendet nur ein Altargemälde für die Kirche in Valdemoro.

In dieser Zeit werden einige Goya nahestehende Personen befördert. So wird im August 1789 Zapater, der geholfen hat, Saragossa vor einer Hungersnot zu bewahren, in den Adelsstand erhoben. Und am 26. Dezember 1789 erhält Cabarrús, der von Floridablanca unterstützt, vom alten Finanzminister Lerena aber gehaßt wird, den Grafentitel. Doch gefährlich ist, daß María Luisa Cabarrús und Jovellanos ebenso verachtet, wie sie Floridablanca verabscheut. Und schon bald stellt sich heraus, daß der wahre Machthaber in Spanien María Luisa heißt.

Macht ist oft vergänglich. Auf den Ruhm folgt der Niedergang.

Am 25. Juni 1790 trifft eine Nachricht die aufgeklärten Spanier wie ein Donnerschlag: Ohne daß man den Grund dafür kennt, wird François Cabarrús auf Befehl Lerenas verhaftet. Jovellanos, der bereits Anfang des Jahres ersucht wurde, „nach Asturien (zu) gehen und zu sehen, wie man dort Kohle fördert", d. h. vom Hof entfernt wurde, eilt nach Madrid, um seinen Freund zu verteidigen. Doch vergeblich: Alle Türen schließen sich vor ihm, und er wird gezwungen, nach Gijon ins Exil zu gehen, wo er sieben Jahre lang leben muß. Und auch Goya wird am 17. Juli 1790 aufgefordert, in Valencia „frische Meeresluft zu atmen". Die Verbannung Goyas dauert aber nicht lange. Im Oktober befindet er sich in Saragossa, wo er Zapater portraitiert, und Weihnachten 1790 ist er schon wieder in

Martín Zapater y Claveria, Zeitgenosse und Freund Goyas, ist ein reicher, unverheirateter Kaufmann. Von 1775 bis 1801 schreibt Goya ihm regelmäßig. Diese Briefe sind einige der wenigen schriftlichen Zeugnisse, die wir über die Person des Malers besitzen. Leider wurden sie teilweise von Zapaters Erben, seinem Neffen, zensiert, da er sie für zu „freidenkerisch" hielt.

Madrid. Dort haben sich die Zeiten geändert: Nach einer Erkrankung sieht er der Begegnung mit dem König nur mit Bangen entgegen, da „niederträchtige Menschen" gegenüber Karl IV. behaupten, daß der Maler ihm nicht dienen wolle.

Heute wissen wir, daß der Hofmaler Maella Goya an hoher Stelle anschwärzte, da Goya es für seiner unwürdig hielt, weiterhin Teppichkartons anzufertigen. Nachdem bereits der Direktor der Teppichmanufaktur direkt an den König geschrieben hat, um sich darüber zu beschweren, mischt sich nun auch noch Lerena ein, und der Maler erhält den Befehl, weitere Kartons zu malen. Die Angelegenheit ist sehr schwerwiegend, denn Goya hat einen Teil seiner Protektoren verloren. Bayeu schaltet sich ein, und Goya muß sich schließlich fügen. Am 6. Mai beendet er den Entwurf von „Die Hochzeit", seinem größten Karton, dessen Teppich für das Königliche Sekretariat im Escorial bestimmt ist: Eine gelungene Komposition, die die Hochzeit eines alten Narren mit einer jungen Schönheit darstellt.

Der Karton „Die Hochzeit" kann im Zusammenhang mit den sozialen und politischen Verhältnissen der Zeit interpretiert werden, aber Goyas Vorhaben ist wahrscheinlich viel schlichter: Er hat den Auftrag erhalten, die drei Lebensalter darzustellen, links die Kinder, in der Mitte die Verheirateten und rechts die Alten.

Der neue Königspalast in Madrid, der nach den Plänen des Italieners Sacchetti erbaut wurde, ist vom Piemonteser Barock beeinflußt.

Auch ein anderer sehr schöner Karton, „Die Strohpuppe", ist voller Anspielungen. Doch noch im selben Jahr wechselt Goya das Genre: Er malt statt burlesker Satiren reizvolle Kinderportraits, so das des kleinen „Luis María de Cistué".

Im Oktober 1791 ist Goya wieder in Saragossa, wo er wahrscheinlich das Bildnis des Kanonikers Ramón Pignatelli ausführt, das uns nur durch eine Kopie bekannt ist. Im Dezember 1791 schreibt er die Rechnung für die sieben letzten Teppichkartons, die er in seinem Leben malt. Im Februar 1792 bezeichnet er sich in einem humorvollen Brief an Zapater als „Riese Goya" und erzählt etwas später von seiner Genealogie, die er im Hinblick auf seine mögliche Erhebung in den Adelsstand zusammenstellt. Er sieht nun eine gewisse Notwendigkeit, auf seine Würde zu achten und sich nicht mehr wie früher durch das Hören von „seguedilles" (volkstümliche Lieder) zu vergnügen. Es scheint, als habe er sich eine Zeitlang überlegt, sich nach dem Vorbild von Velázquez um einen Ehrenposten am Hof zu bewerben. Das hätte bedeutet, dem Stand des Malers als Handwerker zu entrinnen.

Zu dieser Zeit leidet der Hof unter den Auswirkungen der Ereignisse im revolutionären Frankreich.

Königin María Luisa, die Gattin des rechtschaffenen Königs Karl IV., der nur geringe Neigung zum Regieren verspürt, versteht es, die Macht für sich und ihren Günstling Godoy durch ein feingesponnenes Netz von Intrigen zu sichern. Da sie seine Karriere fördert, dient er ihr blindlings als ihr Sprachrohr, wodurch sie unbeschränkt regieren kann. Ein französischer Diplomat sagt später von ihr: „Mit 50 Jahren hat die Königin Ansprüche und eine Eitelkeit, die man selbst einer jungen und schönen Frau nur schwer verziehe."

Als der fliehende König Ludwig XVI. 1791 in Varennes gefangengenommen wird, kommt es am spanischen Hof zur Ablehnung jeder Art von Liberalismus. Nach dem Tod Lerenas Anfang 1792 ändert sich vieles. Im Februar 1792 wird Floridablanca entlassen und durch den alten Grafen von Aranda ersetzt, der seinerseits im November 1792 von Manuel Godoy abgelöst wird. Der 25jährige Godoy ist Günstling der Königin, Herzog von Alcudia und außerdem Oberbefehlshaber der spanischen Armee. Im August 1792 – der französische König ist abgesetzt und im Temple gefangen – fürchtet Spanien, daß der von der Französischen Republik dem Deutschen Reich bereits erklärte Krieg auch auf die Iberische Halbinsel übergreifen könnte. Die Ereignisse überstürzen sich. Die Hinrichtung Ludwigs XVI. im Januar 1793 verändert die politische Landschaft in Europa schließlich vollkommen.

Über Goyas Leben im Jahr 1792 besitzen wir nur sehr spärliche Informationen. Innerhalb von zwei Jahren wird er vom bewunderten und respektierten Maler zum Beinahe-Verbannten. Vermutlich liegt das an den politischen Umwälzungen am Hof und der Absetzung mehrerer seiner Gönner. In diesem entscheidenden Jahr 1792 gibt es fast keine Briefe an Zapater, weder königliche noch private Aufträge. Die einzigen uns überlieferten Dokumente sind eine auf Juni datierte Rechnung für die Ausführung der letzten Teppichkartons sowie ein paar sonstige Rechnungen, die Ergebnisse der Nachforschungen für seine Genealogie im Mai und Juli und die Antwort auf ein Empfehlungsgesuch Anfang Herbst. Daneben ist belegt, daß er sich am 2. September in der Academia de San Fernando aufhält, und es existiert ein wichtiger Bericht über den Malunterricht, den er am 14. Oktober 1792 derselben Akademie übergibt. Danach herrscht absolutes Schweigen.

Zu den beruflichen Schwierigkeiten Goyas kommt ein noch schlimmeres Ereignis: Goya wird krank und infolgedessen taub.

Am 17. Januar 1793 berichtet Goya in einem Brief, daß er seit zwei Monaten bettlägerig sei (demnach ist er also im November erkrankt), und versichert, daß er deswegen die Genehmigung erhalten habe, sich nach Sevilla und Cadiz zu begeben. Die Angelegenheit ist rätselhaft, denn dieser Brief, der an den Schatzmeister des Herzogs von Osuna gerichtet ist, wurde angeblich in Madrid geschrieben, obwohl Goyas Anwesenheit in Cadiz spätestens seit dem 5. Januar durch einen Brief Zapaters an Sebastián Martínez belegt ist. Martínez, ein reicher Kaufmann und Sammler, der Goya aufgenommen hat, erklärt, daß dieser schwer krank aus Sevilla bei ihm eingetroffen sei. Außerdem bewilligt

Die Inquisition spielt in Spanien seit dem Sieg über die Araber und die Vertreibung der Juden eine große Rolle. Im 18. Jahrhundert hat sie ihre Macht weitgehend verloren, da man ihr vorwirft, Häresie und Humanismus zu verwechseln. Am Ende des Jahrhunderts erstarkt sie jedoch wieder. Mit dem Gemälde „Gerichtssitzung der Inquisition" wendet Goya sich gegen die Wiederbelebung der Vergangenheit, von der man gehofft hatte, daß sie vorbei sei.

Dieses großartige Selbstbildnis, eine Tuschzeichnung, wird im allgemeinen in die Jahre 1790/1792 datiert. Goya stellt sich hier nachdenklich, fast wie unter einem Alpdruck leidend, dar.

im Januar der Großkämmerer des Hofes, der Herzog von Frias, Goya einen Urlaub von zwei Monaten, die er „in Andalusien zu verbringen" habe, ohne daß genauere Daten genannt werden. Der Maler leidet unter Lähmungserscheinungen, berichten seine bestürzten Freunde in Briefen voller Andeutungen. Zapater, der auf „Goyas Unbedachtsamkeit" anspielt, bezieht sich damit sicher auf eine unkluge oder unheilvolle Entscheidung und nicht auf die Tatsache, daß er sich eine Geschlechtskrankheit (die Syphilis) zugezogen hätte, was zu der Zeit durchaus häufig vorkommt.

Warum hält Goya sich ohne vorherige offizielle Erlaubnis in Andalusien auf? War er in den mißglückten Rettungsversuch für Ludwig XVI. verwickelt, mit dem Cabarrús betraut war? Indizien lassen dies vermuten, doch es ist nicht zu beweisen. Mit Sicherheit setzen die Bourbonen in Spanien alle Hebel in Bewegung, um die Hinrichtung

„Ich bin am gleichen Punkt, was meine Gesundheit anbelangt. Manchmal bin ich so aufgeregt, daß ich mich kaum selbst ertragen kann, dann wieder ruhig wie jetzt, während ich hier schreibe. Aber schon bin ich ermüdet. Am nächsten Montag, nur Dir sage ich es, werde ich, so Gott will, zum Stierkampf gehen und wünschen, daß Du mich begleitest!"
Brief an Zapater

ihres Vetters zu verhindern. Goyas Enkel erzählt später die Geschichte einer abenteuerlichen Flucht quer durch die Sierra Morena. Möglicherweise steckt darin ja ein Körnchen Wahrheit. Zu bedenken ist auch, daß die Macht der Inquisition gestärkt wurde, um die Ausbreitung der Gedanken der Französischen Revolution zu bekämpfen, und daß in Madrid in diesen Jahren ein Klima von Argwohn und Angst herrscht.

Durch tüchtiges Üben erlangt Goya den Gebrauch seiner Gliedmaßen wieder. Er leidet noch unter heftigem Sausen im Kopf, aber die Schwindelanfälle haben aufgehört. Die schlimmste Folge der Krankheit ist aber, daß Goya unheilbar taub wird. Um mit seiner Taubheit fertig zu werden, begibt sich der ehedem so fröhliche Mensch und begeisterte Jäger im Lauf des Sommers 1793 wieder nach Madrid und macht sich an die Arbeit.

María del Rosario Fernández, genannt „La Tirana" (weil ihr Mann, Schauspieler wie sie, meist Tyrannenrollen spielt), wurde in Sevilla geboren und stirbt nach langer Krankheit 1803 in Madrid. Die Tirana, berühmt für ihre Schönheit und ihre Sittenstrenge, ist auch Mitglied der gebildeten Kreise Spaniens.

Anfang Januar kommen neue Meisterwerke aus dem Atelier des Malers.

Wie ein Kastenteufel taucht er plötzlich wieder auf und schickt Bernardo de Iriarte, dem Vizeprotektor der Academia de San Fernando, eine Folge von *Kabinettstücken* auf Weißblech, die „Volksbelustigungen" darstellen. Er malt sie einerseits, „um meine durch die Betrachtung meiner Leiden gequälte Phantasie zu beschäftigen und um teilweise die hohen Kosten auszugleichen", und andererseits, weil er hier seiner „Erfindungsgabe und Laune" freien Lauf lassen kann. So macht er sich, statt über sein Schicksal zu klagen, beherzt an seine eigene Umerziehung, um sich und den anderen zu beweisen, daß er nichts von seiner Fähigkeit als Maler verloren hat. Zwar geht seine Genesung nur langsam voran, aber das hindert ihn nicht, offizielle Aufträge auszuführen. Er erhält den Auftrag, zwei hervorragende spanische Offiziere zu malen, die an der Pyrenäenfront kämpfen (Frankreich hat am 7. März 1793 Spanien den Krieg erklärt). Das eine Portrait stellt den „General Antonio Ricardos" dar, der Anfang 1794 fällt. Es ist eines der „Bildnis-Urteilssprüche", durch die Goya sich von da an auszeichnet. Die sorgfältige Ausführung und das leuchtende Kolorit entsprechen der Genauigkeit in der Darstellung der Psychologie seines Modells. So hält Goya auf großartige Weise den verächtlichen Ausdruck des schmalen, zusammengepreßten Mundes des Generals, der ihm vielleicht unsympathisch ist, dessen Verhalten er aber bewundert, auf der Leinwand fest. Außerdem malt Goya das Bildnis des Oberstleutnants „Felix Colón de Larreategui", dessen Brüder Freunde von Cabarrús sind. Aus dem Jahr 1794 stammt außerdem auch das sehr gelungene Portrait von „Ramón Posado y Soto", der mit einem Schwager Jovellanos' verwandt ist. Nur ein freundliches Gesicht taucht inmitten all dieser ironischen oder hochnäsigen Herren auf: das der Schauspielerin „La Tirana", die Goya erstmals 1794 darstellt, zu der Zeit, als die beleibte und voll erblühte Dame ihren Abschied von der Bühne nimmt. Der Maler erreicht – wie immer bei einem vertrauten Modell – ein Maximum an Ungezwungenheit. Offenbar kann er wieder vollkommen von seiner Hand Gebrauch machen, denn die Ausführung des Gemäldes ist einwandfrei. Trotzdem behauptet er, als es ihm dienlich ist, gegenüber dem Direktor der Teppichmanufaktur, daß er wegen seiner schweren Krankheit nicht in der Lage sei, zu malen.

Das Jahr 1794 ist von großer Bedeutung für Spanien und Frankreich.

Seltsamerweise berichtet Jovellanos, der seit vier Jahren den Namen von Cabarrús, nicht ein einziges Mal in seinem „Journal" erwähnt hat, im April von der Wiederaufnahme des Prozesses gegen den Bankier, der immer noch an seinem Aufenthaltsort Madrid überwacht wird. Cabarrús' Tochter Teresa, die ihrerseits in Paris auf Befehl Robespierres im Gefängnis sitzt, da er sie zu Recht der Verschwörung mit Spanien verdächtigt, ermutigt Tallien und seine Freunde zum Putsch: Der Staatsstreich des 9. Thermidor gelingt, Robespierre und seine Anhänger werden guillotiniert, und die *jakobinische* Schreckensherrschaft hat ein Ende. Nun strebt die spanische Regierung zwei Dinge an:

General Antonio Ricardos fällt am 13. März 1794. Sein Tod beraubt die spanische Armee eines ihrer fähigsten Generäle, der unter anderem im Krieg mit Frankreich 1793 die Schlacht von Truilles im Roussillon für Spanien gewinnt. Seine Witwe schenkt das Bildnis Godoy.

den Krieg zu beenden und zu erreichen, daß der Nationalkonvent König Ludwig XVII. und seine Schwester, Madame Royale, überantwortet. Teresa Cabarrús, inzwischen die Frau Talliens, versucht, über die Befreiung ihres Vaters zu verhandeln. Man munkelt, daß sie über Cabarrús als geheime Vermittlerin zwischen Godoy und den französischen Ausschüssen dient.

Die Stimmung am spanischen Hof ist weniger angespannt, und Goya nutzt die Situation, um neue Kunden zu finden, die aber in der Regel Verwandte oder Vertraute seiner alten Auftraggeber sind. Der Graf del Carpio, der Präsident des Rats für Militärordnung und Mitglied des Rats der Banco de Don Carlos, ist ein Freund von Jovellanos. Seine Gattin, die Marquise de la Solana, stammt aus einer berühmten asturischen Familie. Im Alter von 37 Jahren läßt sie sich von Goya malen, vielleicht, um ihrer einzigen Tochter ein Andenken an die Mutter zu hinterlassen. Kurze Zeit später stirbt sie.

1795: Goya trifft sein berühmtestes Modell, die Herzogin von Alba.

Im Juli 1795 unterzeichnen Spanien und Frankreich einen Sonderfrieden zu Basel. Der Adel wird mit Auszeichnungen überschüttet; so erhält Godoy den Titel „Friedensfürst“. Goya malt erst das Bildnis des Herzogs von Alba, dann das seiner Frau, wohl das berühmteste seiner Bilder. Es ist eine Symphonie in Weiß, Rot und Schwarz vor dem in

„Es wäre besser gewesen, Du wärst gekommen, um mir zu helfen, die von Alba zu malen. Gestern ist sie ins Atelier gekommen, damit ich ihr Gesicht anmale, und so ist sie auch weggegangen; ich muß gestehen, daß mir das besser gefällt, als sie auf Leinwand zu malen. Ich soll auch ein ganzfiguriges Bildnis von ihr machen, und sie wird zurückkommen, sobald ich die Skizze des Herzogs von Alcudia, an der ich gerade arbeite, vollendet habe.“
Brief an Zapater

Die Geschichte des „Sanlúcar-Album“ genannten Skizzenbuchs, aus dem diese Tuschzeichnung der Herzogin von Alba (links) stammt, ist nicht geklärt. Man weiß, daß sich die Herzogin 1796/97 in Sanlúcar de Barrameda, einem andalusischen Hafen an der Atlantikküste, aufhält und daß auch Goya von Mai bis Juli 1796 dort ist. Die Gründe für seine Reise sind uns allerdings unbekannt. Das Album enthält 18 Skizzen, von denen zwei oder drei die Herzogin darstellen. Einige davon werden in den Radierungen der Caprichos wieder aufgenommen.

Die „Marquise de la Solana“ (unten) ist eine bemerkenswerte Frau und arbeitet von Zeit zu Zeit als Dramaturgin. Aus Mildtätigkeit unterhält sie ein Waisenhaus.

Der graublaue, durchsichtige Hintergrund, die leichte Gaze des Schultertuchs, die rosa Schleife im Haar sind äußerst naturalistisch wiedergegeben. Goya portraitiert nicht nur sehr genau die etwas ungefälligen Züge, sondern erspürt auch das nicht Greifbare: den festen und hochherzigen Geist der Marquise. Offenbar bewundert er diese mutige Frau, die weiß, daß sie sterben wird, sich aber, zerbrechlich wie sie ist, unerbittlich immer wieder aufrichtet – ein Symbol spanischen Stolzes. Goya selbst ist eben erst dem Tod entronnen, und die Taubheit scheint seine Kreativität zu verstärken.

Grün-Braun gehaltenen Hintergrund der Sierra und blauem Himmel. Das Bild ist signiert und mit 1795 datiert. Französische Schriftsteller der Romantik haben die Geschichte einer Liebe zwischen der vornehmen Dame und dem tauben Maler erfunden. Doch es existieren keinerlei Dokumente, die diese Vermutung stützen würden.

Goya kennt die Herzogin offenbar schon lange Zeit. Sie gilt als flatterhaft und extravagant, und es scheint, als habe sie einer Reihe kleiner Leute den Kopf verdreht: Toreros, Studenten und sogar Bauern. Daß der Maler sich dennoch in sie verliebt hat, da die Modellsitzungen ihm erlauben, sie oft und in aller Freiheit zu treffen, scheint durchaus möglich – allerdings ist er stocktaub und 50 Jahre alt, die schöne Herzogin dagegen nicht älter als 35. Weiß sie, daß Goya sie durch die erbarmungslose Kratzspur der Radiernadel in den Caprichos, mit einigen beißenden Zeichnungen und drei Gemälde-Bekenntnissen der Nachwelt überliefert? So zeigt z. B. ein kleines Gemälde von 1795 die Herzogin und ihre Anstandsdame (dueña) auf eher komische Weise.

Im Juli 1795 stirbt Bayeu. Goya ist nicht nachtragend und stellt ein Bildnis seines Schwagers von außergewöhnlicher psychologischer Schärfe „sin concluir“ aus. Der Wechsel der Grau- und Blautöne ist meisterhaft in durchscheinenden Farbaufträgen hingeworfen.

Doch sofort läßt Goya Godoy bitten, sich beim König dafür einzusetzen, daß er den freigewordenen Posten des Ersten Hofmalers erhält. Godoy lehnt ab und wundert sich, daß Bayeu so viel (50 000 Reales) verdient hat. Statt dessen wird Goya im September zum Direktor der Malerei (Director de pintura) an der Academia de San Fernando gewählt und erhält ein Gehalt von 4 000 Reales.

Im November 1795 wird Cabarrús dank Godoys Zutun endlich freigesprochen und rehabilitiert: Der alte Bankier ist ein guter Ratgeber in Finanzangelegenheiten, den der „Friedensfürst“ bei der Anlage seines Vermögens braucht. Und Cabarrús' unverbesserlicher Optimismus überwindet schließlich alle Schwierigkeiten: Er gibt nicht nach, bis alle seine „aufgeklärten“ Freunde an die Macht kommen.

Man muß es wohl als ein Zeichen der veränderten Sitten werten, wie der Hofmaler Goya die Herzogin von Alba, die erste Dame Spaniens nach der Königin, auf dem zwanglosen Gemälde „Die Herzogin von Alba und ihre dueña“ darstellt. Das Gemälde steht den satirischen Werken des englischen Malers Hogarth nahe, die Mitte des 18. Jahrhunderts entstanden. Bis zu ihrem Tod im Jahr 1802 bleibt die Herzogin Goya verbunden, denn in ihrem Testament vermacht sie ihm und seinem Sohn – wie auch anderen treuen Dienern – eine Rente von zehn Reales täglich.

Francisco Bayeu, Goyas Schwager, wurde 1734 in Saragossa geboren. Er ist ein ehrgeiziger Praktiker und führt bereits Arbeiten für Kirchen in Saragossa aus, noch ehe Mengs auf ihn aufmerksam wird und ihn nach Madrid ruft, um an der Ausstattung der Königspaläste mitzuwirken. Zeitlebens malt Bayeu vor allem Fresken und kaum Staffeleibilder. Obwohl er seine eigene Familie ernähren muß, zieht er auch seine beiden Brüder Ramón und Manuel, ebenfalls Maler, und seine beiden Schwestern auf. Die eine, Josefa, wird Goyas Frau. Bei seinem Tod hinterläßt Bayeu ein beträchtliches Vermögen.

Am 4. Januar 1796 begibt sich der Hof auf eine Pilgerfahrt nach Andalusien. Dort befindet sich auch Goya: Im Mai 1796 ist er in Sanlúcar de Barrameda, wo die Familie des Herzogs von Alba einen Palast besitzt. Doch der Herzog stirbt am 9. Juni in Sevilla und wird dort beigesetzt.

Dank des „Journal" von Moratín, des Ende 1796 nach Spanien zurückgekehrten Dichters, wissen wir, daß Goya erneut erkrankt und sich in Cadiz aufhält. Wahrscheinlich malt er dort im Lauf des Jahres 1796 die drei großen Gemälde für die Kirche Santa Cueva in Cadiz. Diese Werke revolutionieren die Ikonographie des Lebens Christi geradezu durch die kühne In-Szene-Setzung, ihre originelle Komposition und die Raffinesse ihres Kolorits.

Goyas Zeichnungen im Sanlúcar-Album zählen zu seinen ersten wirklichen Studien nach dem Leben. Diese Studien werden zu seinem zentralen Medium, um sich anderen mitzuteilen. Die Herzogin von Alba erscheint im Sanlúcar-Album zwei- oder dreimal, ebenso eine unbekannte, sehr schöne junge Frau im Negligé oder nackt. Goya stellt die Herzogin ein zweites Mal auf einem meisterhaften, 1797 datierten Portrait dar. Sie ist wie eine Maja gekleidet, mit Mantilla und schwarzem Rock, und hebt sich vor einer lichtvollen Landschaft ab, die sehr an eine Küste erinnert. Die geschwungene Silhouette, die etwas hochmütige, wenn auch leicht schelmische Miene und der betrübte Ausdruck zeigen, daß Goya einen klaren Blick bewahrt und die unbewußt komödienhafte Natur seines berühmten Modells einzufangen vermag. Im Frühjahr 1797 verzichtet Goya aus Gesundheitsgründen auf den Posten des Direktors für Malerei

Goyas Freund und Förderer Gaspar Melchor de Jovellanos (rechts unten) wird in einer ungezwungenen Haltung dargestellt, den linken Ellbogen auf einen Schreibtisch gestützt und den Kopf in der Hand. Der Frack aus malvenfarbener Seide ist sehr fein gezeichnet. Die hohe Stirn zeugt von herausragender Intelligenz, die Augen, die dem Maler direkt ins Gesicht sehen, lassen eine Offenheit des Charakters erkennen, und aus dem Gesicht sprechen Melancholie und Zweifel.

an der Academia de San Fernando. In diesem Jahr beginnt er auch die Caprichos, seine große Serie von Radierungen.

Indessen gerät Godoy in immer größere politische Schwierigkeiten. So weigert er sich gegenüber der Regierung in Paris, auf die spanischen Forderungen zu verzichten. Und je mehr er sich in die schöne Pepita Tudo verliebt, desto komplizierter gestalten sich seine Beziehungen zur Königin. Godoy, der tief in Intrigen verwickelt ist, sucht Unterstützung bei den Liberalen und bringt auf Cabarrús' Rat dessen Freunde in die Regierung: Jovellanos wird Justizminister, Bernardo de Iriarte Landwirtschafts- und Saavedra Finanzminister.

In den Jahren 1797 und 1798 erhält Goya die Aufträge,

Manuel Godoy y Maria, geboren 1767 in Badjoz, tritt 1784 in die Leibgarde ein, wo die Infantin María Luisa auf ihn aufmerksam wird. Seit 1789 (sie ist inzwischen Königin) wird er offen ihr Favorit und erhält die höchsten militärischen Ämter. Im November 1792 wird er Premierminister, 1795 Friedensfürst. Beim Einmarsch der napoleonischen Truppen im Jahr 1808 entgeht er einem Mordanschlag, flüchtet erst nach Frankreich, dann nach Italien und stirbt 1851 in Paris.

ihre Portraits anzufertigen. Er stellt Iriarte steif, mit gepuderter Perücke und von sich selbst vollkommen überzeugt dar, während Jovellanos elegant und vornehm ist, nachdenklich und wie von der Last der Sorgen bedrückt, und Goya dennoch mit Wohlwollen anblickt.

Die Forderungen des französischen Direktoriums (der Revolutionsregierung), Godoy abzusetzen, der beschuldigt wird, England zu unterstützen, finden schließlich Gehör. Am 28. März 1798 wird er gestürzt, und die liberale Verwaltung, die er gerade aufgebaut hat, wird im Lauf des Sommers zerschlagen.

Im Frühjahr 1798 wird Goya von Karl IV. beauftragt, die königliche Kapelle San Antonio de la Florida auszumalen.

Goya ist 52 Jahre alt, er ist völlig taub, und seine Gesundheit ist instabil. Dennoch zögert er nicht, wieder auf Gerüste zu steigen, um erneut eine Kuppel auszumalen, eine der schönsten der Neuzeit. Und es gibt keinen Kleinkrämer Bayeu, keine mürrischen Kanoniker, auf die er Rücksicht nehmen muß: Endlich kann er tun, was er will. So stellt er auf dem Tambour der Kuppel eine volkstümliche Szene dar, in der der hl. Antonius predigt. Die Engel in den *Pendentifs* scheinen aus einer impressionistischen Werk-

Seit dem 17. Jahrhundert befindet sich die dem hl. Antonius von Padua geweihte Einsiedelei auf dem Gebiet der Florida. Karl IV. und María Luisa kaufen das Land und beschließen, eine neue Kapelle zu bauen, San Antonio de la Florida.

statt zu stammen, so sehr sind sie stilistisch ihrer Zeit voraus. Voll schöpferischer Freiheit schafft Goya eine graublaue Symphonie, aus der sich strahlende Gelbtöne abheben. In diesem Fall wissen wir genau, wie lange Goya an seinem Werk gearbeitet hat: die vier Monate vom 1. August bis Ende November.

Im Juni 1789 liefert Goya dem Herzog und der Herzogin von Osuna sechs kleine Bilder für deren Landhaus in Alameda. Die Themen, die er in diesen Werken umsetzt, bereiten die Caprichos vor: so der „Große Bock", ein in Aragón sehr beliebter Teufel, der in Goyas Werk seit den Jahren der Krise zu einem wahren Leitmotiv wird. Der Maler, der seine technische Meisterschaft vollkommen wiedererlangt hat, projiziert seine Träume und Heimsuchungen auf die Leinwand. Es scheint, als ob er mit dem Pinsel niederlege, was ihm gerade durch den Kopf geht. Und seine Hand setzt seine Phantasiegebilde perfekt um. Goyas Schaffenskraft ist ungeheuer. Anfang 1799 wird das Bild „Die Gefangennahme Christi" zunächst in der Akademie vorgelegt, dann in der Sakristei der Kathedrale von Toledo angebracht. Die Effekte der nächtlichen Beleuchtung sind hier so vollkommen beobachtet, daß man den Eindruck gewinnt, zusammen mit Christus die Passion inmitten der Schreie und des Lärms zu durchleben.

Dank Goya ist die kleine Einsiedelei zu einer der berühmtesten Kunststätten Madrids geworden. Auf dem hier abgebildeten Freskoausschnitt ist die Monotonie der kreisförmigen Balustrade durch den weißen Fleck eines großen Prozessionstuches unterbrochen, das die Menge der Gläubigen gliedert. Die Figur links erinnert an die Sibyllen Michelangelos, dessen Einfluß auf Goyas Fresken unverkennbar ist.

Am 6. und 19. Februar 1799 wird die Veröffentlichung der Caprichos angekündigt.

Von den Radierungen, werden wegen der Inquisition nur 27 Exemplare verkauft (vier davon an die Herzöge von Osuna), und sie werden nach zwei Tagen zurückgezogen. Es leuchtet ein, daß solche Darstellungen nicht in aller Hände gelangen dürfen: Sie gelten als zu freidenkerisch, selbst wenn die Mehrzahl der Kompositionen für Nichteingeweihte unverständlich ist. Sie stellen eine schonungslose Satire der Sitten der Zeit dar und enthalten eine Vielzahl von Anspielungen auf die Skandale bei Hof. Manche Blätter, die wie Bilderrätsel entworfen sind, können nur im historischen Kontext entschlüsselt werden.

Große Werke zeichnen sich dadurch aus, daß sie auf allgemeinverständliche Weise die Fehler einer Gesellschaft aufzeigen. Genau dies tut Goya in seinen Radierungen: Mit Hilfe seines einzigartigen Talents und seiner ungewöhnlichen Vorstellungskraft gelingt es ihm, die von seinen Freunden formulierte Sozialkritik in Bilder umzusetzen. So geißelt er Prostitution und Aberglauben und greift die Machenschaften der Inquisition, den übertriebenen Ehrgeiz und die damit verbundene Bestechlichkeit sowie den Machtmißbrauch bei Hof an: Bei Goya werden Ideen immer in lebendige Bilder umgesetzt.

Möglicherweise hat der französische Botschafter Ferdinand Guillemardet erlaubt, die Caprichos auf dem Dachboden der Botschaft zu drucken. Das würde vielleicht auch bedeuten, daß Goya als Zeichen der Dankbarkeit das herrliche Portrait des burgundischen, zum Diplomaten gewordenen Arztes malt, das er 1799 in der Academia de San Fernando ausstellt. Guillemardet ist ein Verehrer der Marquise von Santa Cruz, die durch Heirat eine junge Tante der Herzogin von Alba wird und eng mit Goya befreundet ist. Dieser malt ihr „Portrait mit Mantilla" wahrscheinlich im Jahr 1799. Es ist ein hervorragendes Werk, bei dem der Maler – wie immer mit einem vertrauten Modell – seiner Phantasie freien Lauf läßt, ohne zu vergessen, auf die genaue Ähnlichkeit der Züge zu achten. Heute hängen sich die Portraits des Arztes und der Marquise im Louvre gegenüber.

In den Caprichos finden sich Illustrationen von Sprichwörtern, eine mehr oder weniger direkte Kritik an der Gesellschaft sowie Possen über Hexen: Die Radierungen verleihen der ganzen Gefühlswelt des Künstlers, von Spott bis Wut, Ausdruck.

Ferdinand Guillemardet, geboren 1765, starb 1809, angeblich in geistiger Umnachtung. Als Konventsmitglied stimmt er während der Revolution für den Tod Ludwigs XVI.

Die Marquise von Santa Cruz, geborene Marianna Waldstein, stammt aus einer bedeutenden österreichischen Familie. Sie ist die zweite Frau des Marquis von Santa Cruz, des Oberhaushofmeisters des Königs. Es existiert ein seltsamer Bericht, nach dem sich Goya in eine junge Marquise von S. verliebt haben soll, die die Gattin eines alten Kammerherrn war. Vielleicht handelt es sich dabei um die hier Dargestellte (links).

Viertes Kapitel
DER HOFMALER

Entweder verstehen die Herrschenden die Caprichos nicht, oder sie wollen sie nicht verstehen. Denn bereits im September 1799 beauftragt Königin María Luisa Goya mit einem neuen Portrait, auf dem sie eine Mantilla trägt. Sie ist nicht nur sehr zufrieden mit dem Ergebnis, sondern berichtet am 9. Oktober auch, daß der Maler in drei Sitzungen ein Reiterportrait von ihr angefertigt habe, das wegen der Pose auf einem Schemel sehr anspruchsvoll gewesen sei. Sowohl sie selbst als auch das Pferd Marcial seien in dem Bild sehr ähnlich geraten.

Da er vom Kreis der Mächtigen anerkannt ist, wird Goya Zeuge des Verfalls der spanischen Monarchie. Seine Gemälde verherrlichen scheinbar die königliche Familie, die er in seinen Radierungen jedoch scharf kritisiert.

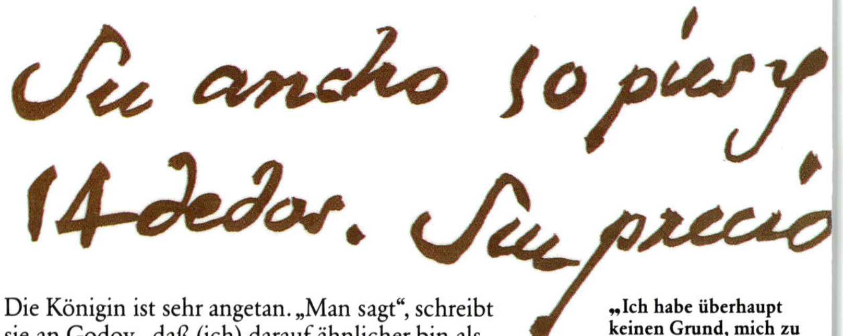

Die Königin ist sehr angetan. „Man sagt“, schreibt sie an Godoy, „daß (ich) darauf ähnlicher bin als auf dem Portrait mit Mantilla.“ Tatsächlich ist das riesige Gemälde einer von Goyas großen Erfolgen. Das Portrait der Königin besitzt einen außergewöhnlichen Zug der Authentizität, sowohl in der Darstellung des Hintergrunds – der Sierra de Guadarrama, die eines Velázquez würdig wäre – als auch im Erfassen des Wesens der Königin: Den Kopf nach hinten geworfen, betrachtet María Luisa den Maler mit belustigt herausfordernder Miene, wohlwollend und komplizenhaft. Das Gemälde gibt erstaunlichen Aufschluß über ihr Wesen, das von der Nachwelt sehr unterschiedlich beurteilt wurde.

„Ich habe überhaupt keinen Grund, mich zu freuen, wenn ich die anderen nicht sehen kann.“
Brief an Zapater 1792

In Frankreich beginnt am 18. Brumaire der Stern des Napoleon Bonaparte aufzugehen. Sehr schnell weitet er seine Gewaltherrschaft über ganz Europa aus. Das hat auch Folgen für Spanien: Dort wird die Verwaltung umgestaltet, und vor allem wird Godoy aus seinem Amt entfernt. Das bedeutet den endgültigen Ausschluß der „aufgeklärten“ Partei, zumal auch Cabarrús und seine Tochter Teresa Tallien, die die Geliebte des Bankiers Ouvrard geworden ist, für finanzielle Interessen eintreten, die dem Ersten Konsul Napoleon nicht behagen und dementsprechend seit dieser Zeit in Spanien unerbittlich abgelehnt werden.

Goya behält seine klare und realistische Sicht der ihn umgebenden Welt und macht sich von allen politischen

Goyas Selbstbildnisse sind Ausdruck seiner bescheidenen und hartnäckigen Suche nach der eigenen Persönlichkeit.

oder ideologischen Cliquen frei: Er hat gelernt, vorsichtig zu sein, und will die mühsam erworbene Unabhängigkeit nicht aufs Spiel setzen.

Am 31. Oktober 1799 wird er endlich zum Ersten Hofmaler (Primer pintor de cámara) ernannt und erhält ein Gehalt von jährlich 50 000 Reales.

Im Lauf des Jahres 1799 entsteht das ganzfigurige Bildnis der Schauspielerin „La Tirana". Wie immer bei den Werken mit Freunden entwickelt Goya in Stil und Ausarbeitung völlige Freiheit. Genauso verhält es sich auch bei dem „Portrait von Moratín", das am 16. Juli 1799 gemalt wird und sich durch seine überraschende psychologische Schärfe auszeichnet. In Moratíns Begleitung besichtigt Goya im Januar 1800 Wohnungen. Nachdem er das Haus, in dem er seit 1778 wohnt, an Godoy für dessen Maitresse Pepita Tudo verkauft hat, sieht sich der Maler gezwungen umzuziehen. Für 234 000 Reales, einen erheblichen Betrag, kauft Goya im Juni 1800 das Haus Nr. 15 in der Calle de Valverde, die im Winkel zur Calle del Desengaño verläuft.

Leandro Fernández de Moratín ist Dramaturg und Poet. Sein sprühender Stil hat eine ähnlich anschauliche Kraft wie Goyas Skizzen.

Als Hofmaler portraitiert Goya Kurtisanen, Prinzessinnen, Minister und Könige.

So kennt Goya sicher auch Pepita Tudo, die vermutlich das Modell der „Nackten Maja" war, ein Werk, das Kunstliebhaber im November 1800 in einem Salon von Godoys Palast zu sehen bekommen. In der spanischen Malerei sind Akte selten, und Goyas Bild stellt somit eine Ausnahme dar. Der herrliche Körper der Maja, von einer schon unnatürlichen Erotik, da die Haut von makelloser Ebenmäßigkeit ist, wirkt wie aus weißem Wachs modelliert.

Am 22. April 1800 schreibt Königin María Luisa an Godoy, daß Goya damit beschäftigt sei, seine Gattin, die Gräfin von Chinchón, zu malen. Bei diesem Gemälde handelt es sich um sein neben der Marquise de la Solana bestes Frauenportrait. Das Werk strahlt trotz der Zurückhaltung des Modells große Intimität aus. Offensichtlich fasziniert den Maler die anmutige Prinzessin wesentlich mehr als die aufreizende Pepita Tudo. Das Kleid aus silberweißer Gaze bildet einen schönen Kontrast zu dem einfarbigen dunklen Hintergrund, und im leicht zerzausten Haar, das das feine Gesicht umrahmt, stecken als Symbol für baldige

Die „Nackte Maja" stellt wahrscheinlich die Maitresse Godoys und nicht die Herzogin von Alba dar, wie oft vermutet wurde. Sie hing in einem Kabinett im Palast des Premierministers neben einem anderen berühmten Akt, der „Venus mit dem Spiegel" von Velázquez. Nach Godoys Sturz verschwindet das Bild in einem Raum der Academia de San Fernando bis 1900. Im Jahr 1901 kommt es dann mit der „Bekleideten Maja" in den Prado.

Goya hat die Gräfin von Chinchón bereits 1783 als Kind auf dem Bild „Die Familie des Infanten Don Luis" gemalt. Jovellanos, der Ende des Jahres 1797 bei Godoy zum Essen eingeladen ist, entrüstet sich darüber, daß der Premierminister seine Mahlzeit zwischen seiner Gattin, die ihm zur Rechten sitzt, und seiner Geliebten, Pepita Tudo, zu seiner Linken einnimmt. „No hay remedio" (Da kann man nichts machen), schreibt Jovellanos dazu, was Goya unter eine seiner Radierungen der Caprichos setzt.

Mutterschaft Weizenähren. Die Frau des „Friedensfürsten" leidet unter Godoy, der sich wie ein orientalischer Pascha gibt. Sie empfindet dieses Verhalten als Hohn und weigert sich trotz des Tadels der Königin, ihr verachtungsvolles Schweigen gegen ihren Gemahl zu brechen. Goya begreift und errät alles: Er versteht es, ihre Enttäuschung, das Vertrauen, das ihm selbst entgegengebracht wird, die Verzweiflung der Gräfin, die sich auf ihren Zügen abzeichnet, festzuhalten, und schafft wohl das ergreifendste aller Portraits, die er je gemalt hat.

Die Portraitskizzen für „Die Familie Karls IV." sind im August 1800 fertig. Bei Goyas bekanntem Arbeitstempo ist zu vermuten, daß das Gemälde im Lauf der folgenden Monate beendet wird. Die königliche Familie ist stehend dargestellt, in natürlicher Größe, vor der Saalwand eines Palasts gruppiert. König und Königin stehen im Vordergrund. Goya selbst steht links hinten im Schatten, in einer bescheideneren Position als Velázquez in „Las Meninas". Kurz darauf entstehen auch das ganzfigurige „Bildnis des Königs und der Königin" sowie das „Reiterbildnis von Karl IV.", das weniger gelungen ist als das von María Luisa. Im Juni 1801 sind alle diese Gemälde vollendet.

Die Familie Karls IV." vereint psychologische Wahrheit und Genauigkeit der Atmosphäre. Es erstaunt vielleicht zu sehen, wie die Monarchen dargestellt werden. Nun weiß man aber dank der Berichte von Ausländern, daß die Häßlichkeit der Königin der Lächerlichkeit ihrer Toilette gleichkommt und daß weder der rechtschaffene Karl IV. noch seine Schwester durch ihre intellektuellen Fähigkeiten glänzen. Beim Prinzen von Parma ist es nicht viel besser (Details rechts unten).

Ende 1800 übernimmt Godoy wieder die Leitung der politischen Angelegenheiten.

Im Mai 1801 unternehmen die Könige einen Feldzug gegen Portugal, den sogenannten „Orangenkrieg". Er bringt Godoy vielleicht nicht völlig verdiente Lorbeeren ein, ermöglicht es ihm aber, sich von Goya in der lässigen Haltung des siegreichen Generals malen zu lassen. Bei dem Portrait handelt es sich um ein eher enttäuschendes Werk: Es scheint dem Günstling der Königin gelungen zu sein, dem psychologischen Scharfblick des Meisters zu entkommen. Allerdings könnte es auch sein, daß dieser sich einfach nicht für sein Modell interessiert. Goya malt für Godoy zwischen 1801 und 1803 noch vier für seinen Palast bestimmte *Tondi*, die Allegorien merkantiler Tätigkeiten zeigen. Die „Bekleidete Maja", die wahrscheinlich ebenfalls Godoys Maitresse darstellt, stammt aus derselben Periode.

Im Juli 1802 stirbt die 42jährige Herzogin von Alba. Das Gerücht, sie sei vergiftet worden, ist haltlos, zumal sie einen Monat lang todkrank war. Es existiert eine Tuschzeichnung Goyas – ein Entwurf eines Grabmals für die Herzogin –, auf der er mit wenigen Strichen das kleine Gesicht seiner Gönnerin mit den geschlossenen Augen darstellt.

Im Juli 1803 bietet Goya dem König die Kupferplatten und die nicht verkauften Abzüge der Caprichos für das königliche Kupferstichkabinett an. Im Gegenzug erhofft er sich eine Reiseerlaubnis für seinen Sohn Javier. Das ist bis zum Jahr 1808 Goyas letzter Kontakt mit dem Hof, obwohl

Das Gewerbe" ist eine schöne Figur, die großartig in die runde Form des Tondo eingefügt ist. Goya spielt beim Rahmen des Fensters und den Spinnrädern mit den verschiedenen Kreisformen. Sein Thema stellt er ins Gegenlicht.

er weiterhin sein Gehalt bezieht. Währenddessen scheint weder sein privates noch sein berufliches Leben sehr unter dieser Situation zu leiden. Neben den ansehnlichen Löhnen haben ihm auch die Honorare für die bedeutenden Arbeiten, die er seit mehreren Jahren ausgeführt hat, ein nicht unbeträchtliches Vermögen eingebracht. Im Jahr 1803 kauft er ein weiteres Haus, in der Calle de los Reyes in Madrid. Im selben Jahr stirbt Zapater. Warum ist die Korrespondenz zwischenden beiden Freunden seit 1799 abgerissen? Ist der aragonesische Kaufmann nach Madrid gezogen, worum ihn Goya oft gebeten hatte, oder haben sie sich gestritten? Es existieren keinerlei Dokumente darüber, weshalb der Kontakt aufhört oder gar wie der als Freund so treue Goya diese Trennung (sofern es dazu kommt) aufnimmt. Es gibt nicht einmal einen Anhaltspunkt, der es erlauben würde, eine ernsthafte Hypothese aufzustellen.

Der „Graf von Fernán Nuñez“ ist spanischer Botschafter in Frankreich. Als Förderer der Kunst wird er 1804 Mitglied der Academia de San Fernando. Bei der Wahl des neuen Akademiedirektors stimmt er mit acht anderen Akademikern für Goya, während 29 Mitglieder ihre Stimme dem zweitklassigen Künstler Gregorio Ferro geben. So bringt Fernán Nuñez seine Anerkennung für den Künstler zum Ausdruck, der ihn gemalt und damit unsterblich gemacht hat.

Bis zum Ausbruch des Befreiungskrieges 1808 widmet Goya sich fast ausschließlich der Portraitkunst.

Zwischen 1803 und 1804 malt Goya zwei seiner besten Portraits von jungen Männern: 1803 malt er den „Grafen von Fernán Nuñez“, den damals 24jährigen Sohn eines engen Freundes von Karl III. Seine große, kräftige Gestalt, die in den traditionellen schwarzen Umhang gehüllt ist, hebt sich von einer herrlichen Hintergrundslandschaft ab. Ein großer Zweispitz ziert den Kopf des jungen Grafen. Goya beweist in diesem Portrait das ganze Spektrum seiner Fähigkeiten.

Im Jahr 1804 wird Goya beauftragt, den „Marquis von San Adrián" zu malen. Der Marquis ist ein Freund von Cabarrús und ein feiner und gebildeter Mann, der dem Adel von Navarra angehört. Dieses ganzfigurige Portrait ahmt Vorbilder der englischen Malerei nach, bis hin zur Stellung der gekreuzten Beine, ein immer etwas steifes Motiv, das bei spanischen Malern selten ist. Nichtsdestoweniger ist es ein prächtiges Werk, bei dem der Maler die Komposition und das Kolorit sorgfältig auswählt. Zur selben Zeit malt er zwei reizende Kinder, „Clara de Soria" und ihren kleinen Bruder.

Goya bleibt seinen ersten Auftraggebern treu, die es ihm gut vergelten. Die Mitglieder der Familie Alba posieren weiterhin vor seiner Staffelei, z. B. die „Marquise von Villafranca", die, mit Pinsel und Palette bewaffnet, dabei ist, ihren Ehemann zu malen. Ihr volles Gesicht, das nicht eigentlich schön zu nennen ist, wirkt lebendiger als die Pose, die sie einnimmt. 1805 werden andere, zum Teil sehr schöne Damen durch Goya für die Nachwelt verewigt, so „Isabel de Lobo y Porcel", die eine elegante Version der andalusischen Tracht mit dem hohen, mit Bändern verzierten Kamm, über den die schwarze Mantilla gelegt wird, trägt.

Die Tochter von Goyas ersten Gönnern, dem Herzog und der Herzogin von Osuna, heiratete den Sohn des Marquis von Santa Cruz. Goya malt sie auf einem Ruhebett ausgestreckt als anmutige und sittsame Muse. Das glatte und feste Aussehen des jungen Fleisches erinnert an die „Nackte Maja" und ist charakteristisch für das plastische Sehen der weiblichen Formen in Goyas Werk. Seine Darstellung der Stoffe aber ist von ungewöhnlicher Ungezwungenheit.

Isabel de Lobo (nicht Cobos!) y Porcel heiratet im Jahr 1802 Antonio Porcel, Mitglied des Rats von Kastilien und großer Freund Goyas.

Tomasa Palafox, Marquise von Villafranca, die Cousine des berühmten Generals Palafox, des Helden von Saragossa, wird durch ihre Heirat Schwägerin der Herzogin von Alba, der sie in deren letzten Minuten beisteht. Von ihr weiß man, daß die Herzogin von Alba nicht an einer Vergiftung gestorben ist, wie ein zeitgenössisches Gerücht es wissen will.

Im Jahr 1805 ist Goyas Sohn Javier 24 Jahre alt. Der einst laut Goya entzückendste kleine Junge von Madrid ist ein sehr eleganter, etwas stutzerhafter junger Mann geworden, der sich zwar Maler nennt, der aber, reich und verwöhnt, kaum das Stadium der Schmiererei überwunden zu haben scheint. Trotz des Exils und der Entfernung der alten Direktoren der Banco de San Carlos hat Goya enge Kontakte zur Finanzwelt und zum Großhandel gehalten. Er vermittelt die Vermählung seines Sohns Javier mit Gumersinda Goicoechea (einer entfernten Verwandten der Goicoechea aus Saragossa), deren Onkel mütterlicherseits niemand anderes ist als Leon Galarza, der Direktor der Banco de San Carlos. Das erklärt, wieso Goyas Sohn es sich leisten kann, ein Leben als Privatier zu führen.

Die Verheiratung seines Sohnes ist nur ein Beispiel, daß Goya die Bedeutung des Geldes nicht unterschätzt.

Goya hat erkannt, daß die Freiheit des Künstlers von seiner finanziellen Eigenständigkeit abhängt: Nur diese erlaubt ihm, das zu malen, was er sieht, und nicht, was andere sehen wollen. Sein persönlicher Wohlstand, der durch harte Arbeit erworben ist, und seine Verbindungen zur Geschäftswelt erlauben es ihm, die großen politischen Krisen zu überstehen. Die Hochzeit seines Sohnes ist für Goya Anlaß, zwei unvergleichliche Portraits auszuführen: Das sind der Bräutigam, der Mann in Grau, der zu einem berauschenden bildlichen Bravourstück gelingt. Auf der anderen Seite ist es die junge Frau, köstlich, schmal und groß, die nach ihrer Kleidung einer indischen Miniatur entstammen könnte. Zuerst wohnt das Paar bei Goya, dann zieht es in das Haus in der Calle de los Reyes, das der Maler ihm schenkt. Hier wird 1806 Mariano geboren. Goya hinterläßt uns mehrere Zeugnisse seiner großväterlichen Begeisterung.

Goyas Bild zeigt, wie der Mönch Pedro de Zaldivia von dem Banditen Pedro Piñero, genannt „El Maragato“ (einem Fuhrmann aus der Gegend von Leon), angegriffen wird. Mit Mut und Entschlossenheit gelingt es dem Mönch, den Banditen zu entwaffnen und einsperren zu lassen. Die Modernität der Kompositionen (das abgebildete Gemälde ist nur eines aus einer Folge von sechs) ist verblüffend: Goya zeigt die Abfolge des Geschehens in einer kinoartigen Sequenz. Die Personen sind wie in Großaufnahme gezeigt, und die Haltungen folgen einem Rhythmus, der das Fortschreiten der Ereignisse und die Umkehrung der Situation deutlich machen soll. Die Farben sind frisch und durchsichtig, die Ausführung schnell und wirkungsvoll: Jeder Pinselstrich hat seinen Grund. Die Personen bewegen sich wie gewaltige Maschinen.

„Was mich angeht, ist alles, was ich sagen kann, daß ich immer noch mit derselben Würde an dem arbeite, was mir Spaß macht, ohne mich mit irgendeinem Feind abfinden zu müssen, ohne von irgend jemandem völlig abzuhängen: Ich will nicht antichambrieren, ich habe genug (zum Leben), und ich arbeite mich für nichts zu Tode.“

Brief an Zapater

Er ist damals 60 Jahre alt, aber er reagiert angesichts des jungen Lebens, als ob die Jahre ihm nichts hätten anhaben können.

Inzwischen macht das entstehende Großbürgertum den Hauptteil seiner Kundschaft aus. „Antonio Porcel", der Ehemann der schönen Lobo, wird in Begleitung seines Jagdhundes dargestellt. Außerdem malt Goya den Naturwissenschaftler „Felix de Azara", das Ehepaar „Sureda" (er ist Direktor der Porzellanmanufaktur von Buen Retiro), „Francisca Sabasa y García", eine andere wundervoll poetische Frauenfigur, das großartige Portrait von María Mazon, genannt „Die Buchhändlerin der Calle de las Carretas", und „Pedro Mocarte", der einem pensionierten Torero gleicht. Alle diese Personen sind gemäß ihrem Wesen, ihrem Verhalten, ihrem Charakter in ganz verschiedenen Haltungen und mit den unterschiedlichsten Ausdrücken dargestellt.

1806 wird der Bandit El Maragato festgenommen, eine Begebenheit, die ohne Goya vollkommen unbekannt geblieben wäre und die Goya in sechs reportageähnlichen Szenen festhält. Er wählt diesen *„scoop"* wegen seiner Wirkung auf die Menge und eröffnet in den Bildern einen ganz neuen Aspekt seiner Begabung.

Zeichnung von Goyas Sohn Javier; links dessen junge Frau Gumersinda Goicoechea.

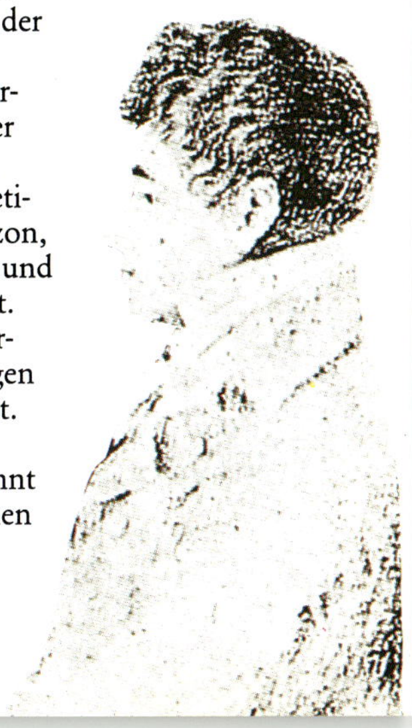

FÜNFTES KAPITEL

DAS LEBEN IN SCHWARZ

Am 20. Oktober 1805 verliert das mit Frankreich verbündete Spanien bei Trafalgar seine beeindruckende Kriegsflotte, und durch die aufsehenerregenden Konkurse der stark in spanischen Angelegenheiten engagierten französischen Bankiers (vor allem Récamier und Ouvrard) wird die spanische Staatskasse völlig ruiniert. Napoleon kommt dies nicht ungelegen, da er die letzten in Europa noch regierenden Bourbonen verdrängen will, um seinen Bruder Joseph Bonaparte auf den spanischen Thron zu setzen.

Eine kopflose Bevölkerung jagt in wilder Flucht dahin, während der Riese ihr den Rücken zuwendet. Das Gemälde könnte eine Anspielung auf Godoy sein, der den Sturm entfesselt und sich danach von seinen Opfern abwendet.

Ungeachtet der glänzenden militärischen Siege von 1807 sind die französischen Kassen leer, denn die Blockade Englands beginnt zu wirken. Daher beschließt Napoleon, die Iberische Halbinsel zu überfallen. Seine Pläne werden durch Godoys Schwäche und die Zwistigkeiten unter den Mitgliedern der königlichen Familie gefördert. Der schwerfällige und schlecht beratene Erbprinz Ferdinand ist unvorsichtig genug, den Kaiser zu Hilfe zu rufen, um seinen Vater Karl IV. abzusetzen und Godoy loszuwerden.

Wie immer erfährt das spanische Volk nicht viel von diesen politischen Umwälzungen, aber Godoy ist so verhaßt, daß Napoleon als Retter gilt und der Einmarsch der französischen Truppen im Dezember 1807 zunächst gefeiert wird. Als jedoch Joachim („Gioacchino") Murat im März 1808 zum Generalstatthalter des Kaisers in Spanien ernannt wird und die Pyrenäen überquert, um den Oberbefehl über die französische Armee zu übernehmen, die von Alt-Kastilien bis Katalonien aufmarschiert, breitet sich am Hof in Madrid Angst aus. Am 18. März kommt es im Palast von Aranjuez zu einer Revolte. Godoy entgeht nur knapp der Ermordung durch Anhänger des Prinzen Ferdinand, und es gelingt ihm, nach Frankreich zu fliehen.

Der trügerische Triumph des neuen Königs Ferdinand VII., der Ende März 1808 in Madrid wie der Erlöser empfangen wird, macht die Verzweiflung verständlicher, die das Volk befällt, als es einen Monat später von der Gefangennahme des Königs in Bayonne erfährt.

Karl IV. dankt zugunsten seines Sohnes Ferdinand VII. ab, der den Beinamen „deseado" (der Ersehnte) erhält. Am 23. März empfängt die naive und geprellte Madrider Menge, die ungeduldig auf ihren neuen König wartet, Murat voller Begeisterung. Karl IV. und María Luisa werden in Bayonne gefangengesetzt. Dem politisch unklugen Ferdinand VII. geht es nicht anders, als er herbeieilt, um Napoleon an der spanischen Grenze zu danken. Noch kurz vor der Abreise des jungen Königs wird Goya von der Academia de San Fernando beauftragt, am 6. April um 14.30 Uhr sein Bildnis zu malen. Die Sitzung ist nur sehr kurz, und da Goya nie wieder von Ferdinand VII. empfangen wird, malt er ihn künftig nach dem Gedächtnis.

Dieses ganzfigurige Bildnis von Ferdinand VII. entsteht 1815. Trotz der Antipathie Goyas für den König stellt er ihn auf zwei wundervollen Bildnissen dar.

Ende April 1808 begreift das spanische Volk endlich, daß Napoleon nicht ein Befreier, sondern ein Eroberer ist.

Die Wut des Volkes entfesselt sich, als man erfährt, daß die letzten Bourbonen gezwungen werden, sich von Madrid nach Bayonne zu begeben, wo der Kaiser die ganze königliche Familie gefangenhält. Am 2. Mai brechen in Madrid gewalttätige Krawalle aus, die am 3. Mai von Murat grausam unterdrückt werden. Sechs Jahre später, 1814, macht Goya diese Tage des „Dos" und des „Tres de Mayo" durch seine beiden Bilder unsterblich.

Am 15. Juni 1808 beginnt die furchtbare Belagerung von Saragossa, die von

den Franzosen zum erstenmal im August aufgehoben wird. General Palafox ruft Goya nach Saragossa, „um die Ruinen der Stadt zu sehen und zu untersuchen und um die Heldentaten ihrer Bewohner zu malen“. Die Wiederaufnahme der Belagerung durch die Franzosen im Dezember 1808 droht jedoch, das Vorhaben zu verhindern.

Sechs Jahre lang befindet sich Spanien in unaufhörlichen politischen und militärischen Wirren.

Das in seiner Mehrheit leidenschaftlich patriotische Volk führt einen blutigen Guerillakrieg gegen die Franzosen. Unter den Aristokraten und Liberalen sind die einen – z. B. Floridablanca, Jovellanos und Saavedra – Anhänger

„Jeder Spanier betrachtete damals jeden Franzosen als Feind. Spanien war überall zum Krieg gegen Frankreich gerüstet. Im Süden waren die Cortes die Herren. Sie regierten ordentlich und friedlich in König Josephs Namen. Der Norden, der keine einheitliche Regierung besaß, entging der Herrschaft Josephs jedoch: Er wurde völlig von den Guerillas kontrolliert: der Bande von Mina, von El Pastor, dem Schäfer von La Mesta, und der Bande des berühmten Empecinado. Wenn ein Franzose in die Hände einer dieser Banden fiel, teilte sie ihn in zwei Hälften oder röstete ihn bei lebendigem Leibe. Die Franzosen waren im übrigen kaum weniger grausam."

Adèle Hugo, „Victor Hugo raconté par Victor Hugo"

der nationalistischen Zentral-Junta. Andere, wie z. B. Moratín, Bernardo de Iriarte, Urquijo und Cabarrús, schließen sich dem Bruder des Kaisers, König Joseph, an. Man nennt sie die „afrancesados" (Französlinge). Goya schlägt sich ab 1810 auf die Seite der Patrioten.

Im Lauf der Kriegsjahre, in denen das Kommen und Gehen der englischen, spanischen und französischen Armeen Hunger und täglichen Tod nach sich ziehen, findet Goya ausreichend physische und psychische Reserven, um eine Serie großer Gemälde zu schaffen, die ihm beträchtliches Ansehen als Genremaler einbringen: die wundervollen Portraits der Schauspielerin Antonia Zárate, die „Majas auf dem Balkon", „Die Jungen oder Der Brief", „Die Alten", „Die Schmiede" und „Der Lazarillo de Tormes".

Diese Szene wird gewöhnlich „Schießerei in einem Militärlager" genannt. Die Guerilleros zögern nicht, neben feindlichen Soldaten auch all diejenigen zu erschießen, die man verdächtigt, mit den Franzosen zu paktieren. Die hier dargestellte Szene ist dadurch erschütternd, daß Goya, wie so oft, den Moment unmittelbar vor der eigentlichen Schreckenstat zeigt und so den Bildbetrachter in den Handlungsablauf mit einbezieht.

Die Jungen oder Der Brief" (links) und „Die Alten oder Que Tal? (Wie geht es?)" (rechts) zeigen wie die anderen Genrebilder, die Goya in den Jahren 1808–1812 malt, eine Neigung zur Monochromie und zu einem vermehrten Gebrauch von glänzendem und tiefem Schwarz, das warmem Ocker, grellem Blau, mattem Grün und hier und dort leuchtendem Rot entgegengesetzt wird. Die Schatten im Gesicht werden oft durch schwarze, transparente Farblasuren erzielt. Die dicke, mit dem Palettenmesser bearbeitete Farbe zeigt anschauliche Reliefs, ein vielfarbiges Prasseln, das nicht den damaligen Ateliergepflogenheiten entspricht und vielleicht gerade deswegen eine überraschend optische Wirkung besitzt. Die Alten, die ihren Spiegel fragen, wie es um sie steht, wirken wie Hohn auf Königin María Luisa, denn die alte Frau trägt in den Haaren denselben Diamantpfeil wie die Königin auf dem Gemälde „Die Familie Karls IV.". Aufgrund dieser Feststellung nimmt man an, daß Goya das Gemälde erst nach 1808 ausführt, als ganz Spanien die Verantwortung für die Niederlage auf Godoy und die Königin abwälzt.

Im Jahr 1810 greift der vom Unheil des Kriegs erschütterte Goya wieder zur Radiernadel, um eine Serie von Radierungen anzufertigen.

Den epischen Dichtungen der Antike würdig, geißeln die Radierungen Goyas die Schrecken des Krieges und die Qualen, die die oft unschuldigen Opfer erleiden. Mehr als der kollektive Schmerz empört ihn das individuelle Leiden. So nutzt er seine Begabung, um seinem Entsetzen Ausdruck zu verleihen, statt den Krieg einfach nur passiv hinzunehmen. Der Heftigkeit seiner Emotionen entspricht die Heftigkeit im bildlichen Ausdruck.

In zahlreichen Bildern greift er immer wieder dieselben Themen auf. Ihr Gegensatz von Hell-Dunkel und ihr pathetischer Charakter drängen einen Vergleich mit Rembrandt geradezu auf.

In „Die Kugelfabrik in der Sierra" (oben) und „Pulverherstellung in der Sierra de Tardienta" (unten) behandelt Goya die Personen nur grob, wie um die Flüchtigkeit ihrer Gesten festzuhalten.

„Es gibt nur Gehenkte, viele Leichen, die man ausraubt, Frauen, die man vergewaltigt, Verwundete, die man davonträgt, Gefangene, die man erschießt, Klöster, die man plündert, fliehende Bewohner, zu Bettlern gemachte Familien, erdrosselte Patrioten – all das in so phantastischem Realismus und so übertriebenen Körperhaltungen, daß man an einen Tatarenüberfall im 14. Jahrhundert denkt. Aber welche Feinheit, welche tiefe Kenntnis der Anatomie bei all diesen Gruppen, (...)."

Théophile Gautier, „Voyage en Espagne"

Uralte Leiden: die Pestkranken und die Verrückten

In Goyas Augen stellen das Gefängnis und das Hospital die beiden wesentlichen Formen der Freiheitsberaubung dar. In Saragossa steht das größte Irrenhaus Spaniens. Als Goyas Freund Melendes Valdes, ein Poet und Magistrat, versucht, Reformen im Betrieb der Hospitäler durchzusetzen und sie der weltlichen Kontrolle zu unterstellen, kämpft er mit dem Widerstand der Kirche. Diese verwaltet bis dahin die Krankenhäuser – eine Aufgabe, die sie nicht gerade effizient bewältigt. In Goyas Gemälde „Hospital mit Pestkranken“ entspricht die dargestellte Architektur genau der im zur gleichen Zeit entstandenen „Irrenhaus“, das sich in der Academia de San Fernando befindet. Die Haltungen der Pestopfer sind wie immer eine Mischung aus Realismus und tiefer Menschenliebe ohne falsche Sentimentalität.

Uralte Leiden: Raub und Gewalt

Diese beiden kleinen Bilder sieht man im allgemeinen als Illustrationen von Szenen der Gewalt an. Vermutlich beziehen sie sich jedoch eher auf Plünderungen und Vergewaltigungen, die ein Teil der „Schrecken des Krieges“ sind. Das Bild „Banditen berauben eine Frau“ (rechts) zeigt mehr von den Schrecken des Krieges, als es der Titel verrät: Die Banditen sind offensichtlich Soldaten. Die Nacktheit der Frau sowie die Tatsache, daß sie ihr Gesicht voll Scham und Resignation abwendet, deuten an, daß dem Raub eine Vergewaltigung vorausging. Auf diesem Bild wie auf „Banditen schießen ihre Gefangenen nieder“ (links) erinnern die tadellose Inszenierung, die Qualität der Schatteneffekte und die Farbharmonie an Rembrandt, den Maler, den Goya neben Velázquez am meisten bewundert.

Nur zwei Bilder – „Die Kugelfabrik in der Sierra" und „Pulverherstellung in der Sierra de Tardienta" (Aragón) – sind in einer verfeinerten Technik ausgeführt und rufen den militärischen Aspekt der Kämpfe in Erinnerung. Zur selben Zeit geißelt er die Inquisition und malt das „Begräbnis der Sardine", das voller politischer Anspielungen steckt.

Im Juni 1812 stirbt Goyas Frau Josefa Bayeu im Alter von 65 Jahren. Um die Teilung der Güter zwischen Javier und seinem Vater zu bewerkstelligen, wird eine Inventarliste erstellt, die von außergewöhnlichem Interesse ist: Es handelt sich dabei um die einzige Informationsquelle über das häusliche Leben des Malers seit dem Abbruch des Briefkontakts mit Zapater im Jahr 1799. Man schätzt Goyas Vermögen zu dieser Zeit auf etwa 360 000 Reales.

Wellington, der 1809 zum Oberbefehlshaber der britischen Streitkräfte auf der Iberischen Halbinsel ernannt wird, führt vier Jahre lang Krieg gegen die napoleonischen Truppen, die er am 21. Juni 1813 in Vitoria vernichtend schlägt.

Nach dem Desaster des Rußlandfeldzugs beginnt 1812 der Niedergang von Napoleons Macht. In Spanien zieht Wellington im August 1812 in Madrid ein.

Goya erhält den Auftrag, das Portrait Wellingtons zu malen. Dazu begibt sich dieser in die Calle de Valverde, um Modell zu sitzen. Möglicherweise wegen der gegenseitigen Antipathie gerät das Bildnis fast als Karikatur: Die Augen des englischen Generals sind ausgesprochen ausdruckslos. Aufgrund dessen soll es zu einer heftigen Auseinandersetzung zwischen dem Maler, der mit seiner Arbeit zufrieden ist, und seinem berühmten Modell gekommen sein.

Im selben Jahr 1812 werden die Cortes (das spanische Parlament) wieder vereint, und eine extrem liberale Verfassung wird ausgearbeitet. Die Cortes lassen sich im Lauf des Winters 1813/14 nach dem endgültigen Abzug König Josephs und der französischen Armee in Madrid nieder. Damals fertigt Goya das Bild „Allegorie der Verfassung von 1812" an, ein freiwilliges Bekenntnis seiner politischen Überzeugungen und seiner Illusionen, die von den Liberalen geteilt werden. Sie alle hoffen auf die Errichtung einer konstitutionellen Monarchie, während Ferdinand VII. nach seiner Freilassung durch Napoleon nur daran denkt, das absolutistische Regime wiederherzustellen.

Die Cortes organisieren einen Wettbewerb unter den Malern: Es soll der Patriotismus der Spanier verherrlicht und an den Aufstand vom 2. Mai 1808 erinnert werden. Goya schreibt daraufhin am 24. Februar 1814 an den Regentschaftsrat, den der Kardinal Don Luis María de Bourbon, der Sohn des Infanten Don Luis, leitet, und schlägt

In Madrid endete der Karneval an Aschermittwoch mit einem burlesken Umzug. Dabei trägt man eine riesige Gliederpuppe her, an der eine kleine Sardine aufgehängt ist, die die wilde Menge später am Ufer des Manzanares begräbt. Goya folgt dieser Disposition nur entfernt: Die Sardine ist unsichtbar, und die Gliederpuppe wird durch ein Banner mit einer Maske ersetzt. Das „Begräbnis der Sardine" (links) scheint vielmehr eine Allegorie auf den Abzug der französischen Armee im März 1813 zu sein.

vor, „mittels des Pinsels die bemerkenswertesten und heldenhaftesten Taten unseres ruhmreichen Aufstands gegen den Tyrannen Europas zu verewigen". Das Angebot wird am 9. März 1814 angenommen, und Goya malt seine berühmten Szenen des 2. und 3. Mai 1808 für die Gedenkfeiern, die am 2. Mai 1814 in Madrid stattfinden. In diesen Gemälden überwindet Goya, wie Picasso in „Guernica", den erzählenden Stil. Angetrieben durch seinen erklärten Willen, die Märtyrer des Krieges zu rächen, geht es ihm darum, den Empörungsschrei der unterdrückten Menschheit hörbar zu machen.

Am 13. Mai 1814 zieht Ferdinand VII. feierlich in Madrid ein, löst die Cortes auf und läßt die liberalen Abgeordneten gefangensetzen.

Mit der Rückkehr Ferdinands VII. ziehen wieder Diktatur und Fortschrittsfeindlichkeit in Spanien ein. Nichts hat sich geändert, der „göttliche Verstand" ist tot. Eine Folge davon ist, daß man Goyas Meisterwerke in der Academia de San Fernando versteckt, wo sie bis zum Tod des Königs 1833 bleiben. Spanien ist ruiniert, und Ferdinand VII. benötigt Geld. Er sieht sich gezwungen, die Finanzkreise rücksichtsvoll zu behandeln, mit denen Goya immer noch eng verbunden ist. Darüber hinaus wird Goya von jedem Verdacht der Kollaboration mit den Franzosen freigesprochen: Er hat in dieser Zeit nicht einmal sein Gehalt entgegengenommen. Der ihm feindlich gesinnte Ferdinand VII. muß ihn also in Frieden arbeiten lassen. So entsteht das beste Werk Goyas dieser Epoche, das „Reiterportrait des Generals Palafox".

Am 30. März 1815 findet die Generalversammlung der von Cabarrús gegründeten Philippinenkompanie unter der außerordentlichen Präsidentschaft des Königs statt, dem sie ein beträchtliches Darlehen gewährt. Goya wird beauftragt, dieses Ereignis festzuhalten. Es gelingt ihm, das seiner Natur nach sehr protokollarische Thema äußerst ungezwungen zu behandeln, indem er die Personen in den Palastinnenraum einfügt und den Raum und die Lichteffekte zu den eigentlichen Trägern der Komposition macht. Bei dieser Gelegenheit fertigt Goya auch gleich die Portraits

Auf diesem Selbstbildnis (links), das sein Sohn der Academia de San Fernando schenkt, wirkt Goya ruhig und weniger gehetzt als auf den Selbstbildnissen von 1794 bis 1800. Es ist ein intimes Bild, auf dem er sich mit offenem Kragen und ernstem Gesicht darstellt, wenn auch in weniger kritischer Selbsteinschätzung.

dreier einflußreicher Mitglieder der Kompanie an: Miguel de Lardizábal, Ignacio Omulryan und José Luis Muñarriz.

Im Gegensatz zur Monochromie dieser Portraits entfaltet Goya im „Bildnis des Herzogs von San Carlos" wahre Farbenpracht. Der Herzog – ein Minister Ferdinands VII. – ist, ohne es zu bemerken, eine der Marionetten Talleyrands, der die Liebschaft seiner eigenen Frau mit dem adligen Spanier fördert, um diesen lenken zu können.

Die unschlüssige Politik des Königs, der sowohl die liberalen Patrioten als auch die „afrancesados" verfolgt, weil sie dafür plädieren, die königliche Macht einzuschränken, trägt nicht dazu bei, die durch den Krieg tief erschütterte Ordnung in Spanien wiederherzustellen.

Goya geht nun auf die 70 zu und stellt sich 1815 in einem berühmten Brustbildnis dar. Er hat nichts von seinem kämpferischen Geist verloren und belegt das, indem er 1816 der Nationalkunst des Stierkampfs eine Folge von Radierungen widmet, die sogenannte „Tauromaquia".

Hin und wieder werden Goya sozialrevolutionäre Absichten zugeschrieben, womit man seine tatsächlichen politischen Ansichten allerdings sehr verkennt. Er tritt für eine konstitutionelle Monarchie ein, von der er sich, wie die meisten seiner Förderer und Freunde – Jovellanos, Cabarrús, Bernardo de Iriarte, Moratín und viele andere – eine bessere Regierung Spaniens erhofft. Er glaubt an den Nutzen einer gerechten und gut durchdachten hierarchischen Ordnung, wie seine Bindung an den Posten des Ersten Hofmalers belegt. Andererseits ist er, vor allem in den 15 letzten Jahren seines Lebens, tief davon überzeugt, daß es kein oder nur wenige Mittel gibt (no hay remedio!), das Los der Menschen zu bessern. Andererseits liebt er das Leben sehr, so daß sein ganzes Leben den Widerstreit zwischen seiner optimistischen Natur mit dem Pessimismus seiner Erfahrungen widerspiegelt. Aus diesem oft heftigen Konflikt gehen manchmal Meisterwerke hervor, die sehr ernste oder als ernst betrachtete Themen voller Anmut behandeln. Das gilt z. B. für die „Sitzung der Philippinenkompanie" von 1815.

Die „Letzte Kommunion des hl. Joseph von Calazanz“: Der schwerkranke Heilige erhebt sich trotz seiner Schwäche am 10. August 1648 zum letzten Mal, um die Kommunion zu empfangen. Er ist dabei von allen Mönchen der Kirche San Pantaleon in Rom, die ihm treu geblieben sind, und von seinen Schülern umgeben. Am 25. August stirbt er im Alter von 92 Jahren.

Der Herzog von Osuna, ein forscher junger Mann, dessen Bildnis an die englische Malerei der Zeit erinnert, ist von Goya bereits als Kind auf dem Gemälde „Die Familie des Herzogs von Osuna“ gemalt worden.

Die Kinder seiner alten Gönner posieren vor seiner Staffelei: Die blumenbekränzte „Herzogin von Abrantes“ und ihr Bruder, der „Zehnte Herzog von Osuna“, in freundschaftlicher und entspannter Haltung. Am 13. September 1817 hat Goya offenbar vor, für einige Zeit zu verreisen, denn er erteilt einem Freund die Vollmacht, sein Gehalt als Hofmaler abzuheben. Im selben Jahr hat er von der Kathedrale in Sevilla einen Auftrag erhalten, für den er mehrere Skizzen anfertigt. Kurz zuvor hat er den Ort gesichtet, an dem die Malerei angebracht werden soll und „die Fragen der Entfernung, des Lichts und der Sicht festgelegt“. Diese Bemerkung ist wertvoll, denn sie belegt Goyas Vorstellungen auf dem Gebiet von Perspektive und Komposition.

Das Bild, das er für die Kathedrale malt, ist weit von der frömmelnden Malerei entfernt, die man in der Zeit erwartet. Die beiden Schutzpatroninnen Sevillas, Justa und Rufina, gleichen eher üppigen Majas als asketischen Heiligen. Im Januar 1818 wird das Werk an seinem Platz angebracht. Über das folgende Jahr fehlt jede Nachricht bis zum 19. Februar 1819, an dem Goya für 60 000 Reales ein Landhaus erwirbt, die „Quinta del Sordo“ (Haus des Tauben). Es liegt jenseits der Brücke nach Segovia in Richtung der Wiese San Isidro.

Im August 1819, als er die „Letzte Kommunion des hl. Joseph von

Die schwarzen Gemälde: Magie und Religion

In seinem Landhaus, der Quinta del Sordo am Ufer des Manzanares, stattet Goya die Wände von zwei großen, übereinanderliegenden Zimmern mit riesigen, direkt auf den Putz der Wände gemalten Öl- und Temperabildern aus. Offenbar handelt es sich dabei um einen wütenden sozialen und politischen Aufruf, den man damals nicht zu erklären versucht, denn die Zeiten sind unsicher. Heute sind die Gemälde im Prado. Sie sind Gegenstand zahlreicher Studien von Historikern. „Asmodea" (oben) wurde immer als magische Szene interpretiert, aber es ist auch möglich, das Gemälde als eine Anspielung auf den Felsen von Gibraltar (dessen Form mit dem Umriß des Felsens auf dem Bild übereinstimmt) zu verstehen. Er dient von 1815 bis 1833 den Liberalen als Zufluchtsort. Die Komposition „Die Duellanten" (unten) stellt den Brudermord Kains an Abel dar. Die Brüder schlagen sich mit Stöcken in einem Kornfeld, in dem sie nach der Legende bis zu den Knien versinken. Dieses Bild steht vielleicht für den spanischen Bürgerkrieg.

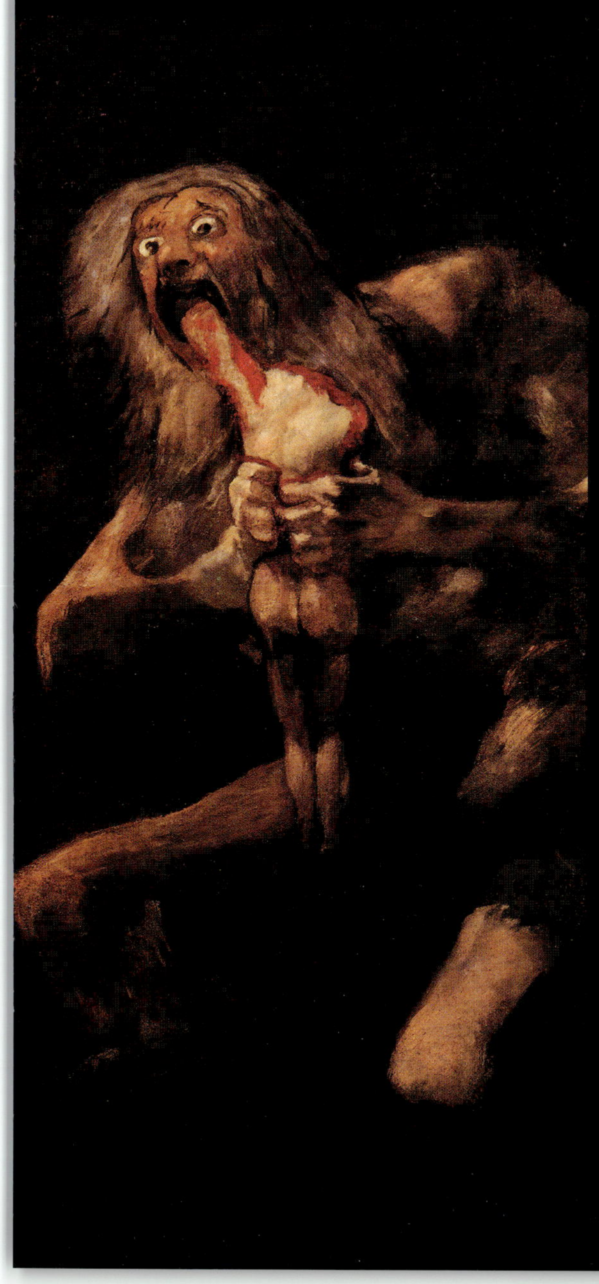

Die schwarzen Gemälde: Mord und Kannibalismus

Judith (links), eine Heldin aus der Bibel, betört den feindlichen General Holofernes, schneidet ihm im Schlaf das Haupt ab und rettet so das jüdische Volk. In dieser tapferen Figur hält Goya die Perversität und die Grausamkeit der Frau fest, die mit ihrem Liebreiz spielt, um den Mann entwaffnen und vernichten zu können.

Der römische Gott Saturn (rechts) will regieren, ohne zu teilen. Nachdem er seinen Vater entthront hat, verschlingt er seine Kinder, um nicht eines Tages dasselbe Schicksal wie sein Vater zu erleiden. Hier verschlingt Saturn nicht seine Kinder, sondern einen zarten Frauenkörper; wahrscheinlich spielt Goya damit auf die sexuelle Begierde des Mannes an.

Die schwarzen Gemälde: Hexen und Hexensabbat

Der „Große Ziegenbock“ bildet das Zentrum einer Versammlung von Frauen, vielleicht ein Hinweis darauf, daß Goya Frauen für anfälliger für Zauberei hält als Männer. Diese Hexensabbat-Szene symbolisiert den nahezu animalischen Aberglauben, der in Spanien zu dieser Zeit weit verbreitet ist.

„Goya ist eines ungeahnten Spuks Erfinder,
Ein Fötus siedet mitten in dem Hexensabbat,
Vorm Spiegel eine Alte und ganz nackte Kinder,
Dämonen zu verlocken, ziehn die Strümpfe glatt…“

Charles Baudelaire, „Les Fleurs du Mal“

Goya freundet sich nach dem Tod seiner Frau 1812 mit Leocadia Weiss an, einer Verwandten seiner Schwiegertochter, die immer wieder Zwietracht zwischen Javier Goya und seinem Vater sät. 1824 stößt Leocadia Weiss mit ihrer Tochter Rosario in Bordeaux wieder zu Goya. Goya und seine Gefährtin zanken sich oft, aber der Maler liebt Rosario leidenschaftlich und bringt ihr die Anfangsgründe der Malerei bei, da er bei ihr eine große Neigung für die Kunst beobachtet.

Calazanz" für die Kirche der Escuelas Pías de San Antón in Madrid vollendet, hat Goya keine Schwierigkeit mehr, Anstand und Wahrhaftigkeit in Übereinstimmung zu bringen. Diesmal liegt ihm das Thema; ohne Anstrengung drückt er das tiefe religiöse Gefühl aus, das ihn beseelt, und schafft so ein packendes Werk in der großen mystischen Tradition des 17. Jahrhunderts. Als Honorar erhält er 16000 Reales, von denen er 6800 zurückerstattet, „zu Ehren", sagt er, „meines Landsmanns, des hl. Joseph von Calazanz", und er schenkt dem Prior das kleine Gemälde „Christus am Ölberg", eines seiner großen Meisterwerke. Kurze Zeit später erkrankt Goya schwer, und am 4. April 1820 wohnt er der letzten Akademiesitzung seines Lebens bei.

Vermutlich durch den Einfluß der internationalen Freimaurerbewegung kommt die Verfassungsbewegung wieder an die Oberfläche. Die europäischen Monarchen fühlen sich verunsichert. So beschließt Frankreich, Ferdinand VII. durch die Entsendung eines Expeditionskorps zu Hilfe zu kommen. Im Sommer 1823 werden die Armeen der Verfassungspartei endgültig besiegt, und der König übernimmt

Diese Komposition, die von Anfang an als „Die Leocadia" bezeichnet wird, ist eines der Gemälde, die sich ursprünglich im Erdgeschoß der „Quinta del Sordo" befinden. Leocadia stützt sich hier auf ein Grab, was manche Historiker zu wenig liebenswürdigen Auslegungen über den Charakter der Dame veranlaßt hat. Eine erst vor kurzem angefertigte Röntgenaufnahme hat aber gezeigt, daß Goya Leocadia auf einen Kaminsims gestützt und mit unverschleiertem Gesicht darstellt. Wahrscheinlich stammen die Übermalungen (der Grabstein und der Schleier) nicht von seiner Hand, sondern wurden erst nach seinem Tod hinzugefügt.

wieder die Macht. Am 17. September 1823 vermacht Goya plötzlich das „Haus des Tauben" seinem Enkel Mariano. Ein Ausdruck der Angst vor einer Beschlagnahmung?

Seit kurzem weiß man dank verbesserter Laboruntersuchungen, daß Goya die Wände seines Hauses erst mit weiten Landschaften schmückte und sie dann später mit den Szenen übermalte, die wir kennen und die sich heute im Prado befinden. Offenbar erlebt er im Frühjahr und Sommer 1823 eine Krise voller Verzweiflung und Empörung: Nachdem er in drei Jahrzehnten die Folgen einer europäischen Revolution, einer fremden Besetzung und eines Bürgerkriegs erduldet hat, ist er verbittert. Auf den Wänden der „Quinta" verurteilt er in beispielloser Heftigkeit – aber trotzdem fein ausgearbeitet – den unheilbaren Wahnsinn der Menschen und die immer wiederkehrenden Übel. Besorgt um seine eigene Sicherheit, flieht er im Lauf des Winters 1823/1824 zu Don José de Duaso y Latre. Im Mai 1824 bittet er um eine Abwesenheitserlaubnis, angeblich, um zu den Quellen von Plombières zu fahren, in Wirklichkeit aber, um sich in Bordeaux niederzulassen.

Zum ersten Mal verläßt der alte Maler sein Vaterland – aus politischen Gründen.

Am 24. Juni trifft Goya in Bordeaux ein, begleitet von seinem Freund Moratín, der ihn als „taub, alt, schwach, bewegungsunfähig, ohne ein Wort Französisch zu können, aber zufrieden und begierig, die Welt zu sehen", beschreibt. Goya fährt sogleich nach Paris, wo er am 30. Juni 1824 eintrifft. Welche Eindrücke der „Tourist" Goya in der französischen Metropole sammelt, ist unbekannt. Interessanterweise malt er im Lauf dieses Aufenthalts zwei ausgezeichnete Portraits seiner Freunde Ferrer und – einen seiner schönsten Stierkämpfe. Im September kehrt er nach Bordeaux zurück, wo Leocadia Weiss und ihre Tochter Rosario wieder zu ihm stoßen. Goya lernt dort die neue Technik der Lithographie kennen und schafft das überraschend naturgetreue „Bildnis des Druckers Gaulon" sowie die vier berühmten Lithographien „Stiere von Bordeaux", bei denen er mit Kreide, einem Rasiermesser und einem Schaber vollkommen neuartige Wirkungen in Form, Haltung und Licht erzielt. Im folgenden Jahr wird die Abwesenheitserlaubnis für Goya um sechs Monate verlängert, diesmal für einen Aufenthalt in Bagnères. Goya bringt Unruhe in das Leben Moratíns, der inzwischen ein alter, ruhiger Junggeselle geworden ist. „Er weiß die Stadt zu würdigen, das Land, das Klima, die Ernährung, die Unabhängigkeit und die Ruhe, die er in Bordeaux genießt", aber er will nach Madrid fahren. „Wenn man ihn ließe", sagt Moratín, „würde er auf einer heimtückischen Mauleselin zurückreisen, mit seiner Baskenmütze, seinem Mantel, seinen Steigbügeln, seiner Weinflasche und seinem Rucksack."

Im Mai 1825 ist Goya erneut schwer krank. Die Ärzte diagnostizieren eine Lähmung der Blase und einen großen Darmtumor. Er erholt sich jedoch wieder, nimmt sofort seinen Pinsel zur Hand und führt etwa 40 Miniaturen auf Elfenbein aus. Und noch einmal bittet er um eine Verlängerung seiner Beurlaubung, diesmal für ein Jahr.

Das Milchmädchen von Bordeaux" ist ein Loblied auf die Jugend, verfaßt von einem Mann, der sich trotz seines Alters und seiner Gebrechen das Herz und die Phantasie bewahrt hat, die er als 20jähriger hatte. Handelt es sich um ein allegorisches Portrait der 14jährigen Rosario Weiss? Wir wissen es nicht. Goya findet hier wieder zur Vorliebe für helle Farben und blauen Himmel. Es handelt sich sicher um eine Imagination von Anmut, Jugend und Natürlichkeit.

Im Jahr 1826 reist er voll Unzufriedenheit über die Franzosen zurück nach Madrid. Er ist 80 Jahre alt und muß 900 km unter wenig bequemen Bedingungen zurücklegen. Vom Hof erhält er die Genehmigung, mit einer Rente von 50 000 Reales in den Ruhestand zu gehen, sowie die Erlaubnis, nach Frankreich zurückzukehren. Wieder in Bordeaux malt er das Bildnis des Bankiers „Santiago Galos", der Goyas Finanzen verwaltet. Im Mai 1827 portraitiert der Maler einen Verwandten seiner Schwiegertochter, den spanischen Kaufmann „Juan Bautista de Muguiro". Dieses Werk überrascht durch seine Modernität und die fast physische Präsenz des Modells. Im Sommer 1827 unternimmt Goya zum letzten Mal die Reise nach Madrid und hält die Züge seines geliebten Enkels Mariano fest, einem eleganten, ziemlich streitsüchtigen Mann.

Wieder in Bordeaux malt er seine letzten Meisterwerke: das Portrait des alten Bürgermeisters von Madrid „José Pio de Molina" und das vorzügliche „Milchmädchen von Bordeaux".

Das Bild links ist Goyas Freund Arrieta gewidmet, „als Zeichen der Dankbarkeit für den Erfolg und die große Sorge, die er aufbrachte, um mir während der schweren und gefährlichen Krankheit, die mich im Alter von 73 Jahren Ende 1819 plötzlich befallen hat, das Leben zu retten".

Mariano Goya mit 21 Jahren. Der Maler, sein Großvater, gibt in einer Inschrift auf der Rückseite des Bildes an, daß er 81 Jahre alt sei.

„Ich habe nichts mehr, weder Augenlicht noch Kraft, noch Feder, noch Tintenfaß, alles fehlt mir, nur der Wille ist noch da."

Im Januar 1828 bereitet Goya mit der üblichen Energie und seinem gewohnten Organisationstalent die Ankunft des Haushalts seines Sohnes vor, der die Absicht hat, sich nach Paris zu begeben. Ende des Winters erleidet er wieder einen Anfall, erholt sich aber seines Erachtens ausreichend, um die Frage der Überschreibung eines Vermögens von 45 000 Francs auf Mariano zu behandeln, einer für die damalige Zeit beträchtlichen Summe.

Am 28. März empfängt er seine Schwiegertochter und seinen Enkel. „Ich liege wieder krank im Bett", schreibt er Anfang April an Javier, den er mit freudigem Bangen erwartet. Im Jahr 1824 hatte er ihm scherzend versichert, daß er wie Tizian 99 Jahre alt werden könnte, wenn es ihm gegeben wäre. Das Schicksal entscheidet anders, und Goya stirbt am 16. April 1828 im Appartement des Fossés de l'Intendance in Bordeaux im Zeichen des Widders, in dem er 82 Jahre früher geboren wurde.

„Er (Goya) kündet nicht nur einen unserer Künstler an: Er nimmt die ganze moderne Kunst vorweg, denn die moderne Kunst beginnt mit dieser Freiheit."
André Malraux, „Saturne"

ZEUGNISSE UND DOKUMENTE

Politik, Kirche und Gesellschaft im Spanien des 18. Jahrhunderts

Das Werk eines jeden Künstlers muß stets auch im Zusammenhang mit der Zeit seiner Entstehung, den politischen und sozialen Verhältnissen gesehen werden. Viele Symbole lassen sich nur in diesem Kontext verstehen, und nur so wird auch deutlich, welche Bedingungen die Kreativität des Künstlers anregen oder hemmen.

Die soziale Struktur Spaniens am Vorabend der Französischen Revolution wird durch die Ergebnisse der Volkszählung veranschaulicht, die auf Anordnung des Ministers Floridablanca im Jahre 1787 durchgeführt wurde. Danach betrug die Zahl der Gesamtbevölkerung damals 10,4 Millionen; davon waren 6,6 Millionen erwachsen (16 Jahre und darüber). Wenn wir etwa 47000 Insassen von Krankenhäusern, Gefängnissen und ähnlichen Einrichtungen außer acht lassen, so ergibt sich folgende Berufsgliederung der männlichen Bevölkerung Spaniens:

Beruf	Anzahl	%
Geistlichkeit........	148795*	4,5
Adel (Hidalgos)	480589	14,5
Bauern	907197	27,5
Tagelöhner (Jornaleros)	964671	29,1
Juristen	15528	0,5
Beamte	36465	1,1
Kaufleute..........	34339	1,0
Manufakturbesitzer...	39750	1,2
Handwerker und Industriearbeiter.....	270989	8,2
Dienstboten........	280092	8,5
Militär............	77884	2,4
Studenten	50994	1,5
Insgesamt	3307293	100,0

* einschließlich 62249 Mönche, aber ausschließlich 33630 Nonnen.

F. D. Klingender:
„Goya in der demokratischen Tradition"

„Mucho hay, que chupar – Es gibt viel zu lutschen"

Die katholische Kirche im Spanien des 18. Jahrhunderts

Die überwältigende Macht der Kirche und der Einfluß, den sie durch ihre Institutionen (vor allem die Inquisition) auf die weltliche Herrschaft hatte, darf nicht unterschätzt werden. Wie eine Klammer umfaßte die Kirche das gesamte Leben der spanischen Bevölkerung, die hin- und hergerissen war zwischen einem noch mittelalterlich anmutenden Aberglauben und dem aufkeimenden Bewußtsein, sich durch eine Revolution von kirchlicher und weltlicher Unterdrückung freimachen zu müssen.

Der Kirche gehörte ein Sechstel des bearbeiteten Ackerlandes. Ihr Landbesitz vermehrte sich stetig durch fromme Erblassungen und Stiftungen. Das Nettoeinkommen der Kirche betrug 1 101 753 000 Realen (damalige spanische Währung), das des Staates war nur um ein Geringes höher: 1 371 000 000 Realen. Die Klöster waren im 17. Jahrhundert stark zurückgegangen wegen des allgemeinen Bevölkerungsrückgangs. 1797 gab es trotzdem noch 3 000 Nonnen- und Mönchsklöster. Das Heer der Geistlichen war unübersehbar, doch bestanden zwischen dem niederen und dem hohen Klerus krasse Gegensätze: Die Pfarrgeistlichen in den Dörfern waren meist sehr arm und auf die Unterstützung durch ihre Gemeinde angewiesen, die Klöster und Domkapitel dagegen strotzten vor Reichtum. Der Erzbischof von Sevilla z. B. beschäftigte an seiner Kathedrale 235 Untergebene, das Jahreseinkommen belief sich auf 6 Millionen Realen: Sevilla hatte neben seiner Kathedrale noch 30 Kirchen, 84 Klöster und 24 Hospitäler, es war eine Stadt von Schmarotzern, Almosenempfängern und Bettlern. Viele lebten allein von der täglichen „Klostersuppe" und waren deshalb völlig abhängig von der Kirche. Ernährt wurde dieser Haufe von Untätigen von der Arbeit und den Abgaben der Bauern aus der Umgebung Sevillas.

Der Erzbischof von Toledo bezog 9 Millionen Realen, seine 40 Domherren, 50 Pfründner und 50 Kaplane zusammen nochmals 4 Millionen. 600 Angestellte standen im Dienst des Erzbischofs. Der Domschatz, der heute noch zu bewundern ist, hat unvorstellbaren Wert.

Man denkt an Goyas Dämonen, die wie die Vampire das Blut der Lebenden saugen (Capricho 45: „Viel gibt's zu saugen"), wenn man erfährt, daß die Einwohnerzahl Toledos seit dem Mittelalter von 200 000 auf 25 000 gesunken war und daß in der Umgebung Toledos von ehemals 551 Dörfern nur noch 349 bewohnt wurden. Selbst nach den Reformen Floridablancas unter Karl III., die zur Verbesserung der Lebensbedingungen der ländlichen Bevölkerung führen sollten, gab es in Spanien noch 1 511 verlassene Dörfer. Den armseligen Behausungen der Landbevölkerung standen in Spanien im 18. Jahrhundert weit über 22 000 Kirchen gegenüber, in welchen angeblich nur einmal jährlich die Messe gelesen wurde.

Goyas scharfe Angriffe gegen Kirche und Klerus kamen aus der Kenntnis dieser Mißstände. Die Kirche förderte die Unwissenheit, den Aberglauben und den Fanatismus im Volk.

Nicht nur bei den zahlreichen Kirchenfesten, sondern Tag für Tag wurde mit Gnadenbildern, Reliquien und Heiligenfiguren ein unvorstellbarer Kult getrieben. Allein der Escorial besaß 11 000 Heiligtümer. Noch Ende des 19. Jahrhunderts wurden bei Prozessionen riesige Heiligenstatuen mitgeschleppt, in Valencia waren es Puppen von 5 m Höhe.

Einer der lästigsten religiösen Zwänge wiederholte sich für viele Spanier mehrmals am Tage: Wenn die Hostie vorübergetragen wurde, mußte jede Tätigkeit unterbrochen werden, und man mußte so lange knien, bis das Klingeln der Glöckchen nicht mehr zu hören war. Sogar Theatervorstellungen wurden unterbrochen. Wenn der König einem Hostienträger begegnete, mußte er aus seinem Wagen steigen und diesen dem Hostienträger überlassen. Bis heute hat sich im Spanischen ein Fluch erhalten, der den Unwillen mancher Spanier über die Hostienunterwürfigkeit ausdrückt. Einmal im Jahr mußte jeder zur Beichte gehen, und spätestens zu Ostern war die Bescheinigung darüber vorzuzeigen. Die Prostituierten gingen deshalb zur Fastenzeit möglichst oft zur Beichte und trieben einen schwunghaften Handel mit diesen Scheinen.

Ein makabres Schauspiel boten die „Büßerprozessionen", die in der Osterwoche durch die Straßen der Städte und Dörfer zogen. Sie waren 1777 von der Regierung verboten worden, doch da die Kirche nicht hinter diesem Verbot stand, wiederholten sie sich so häufig, daß sie 1799 und 1802 erneut verboten werden mußten. In Büßerkleidung und mit entblößtem Oberkörper zogen Männer blutüberströmt durch die Straßen und zerfleischten sich den Rücken mit Geißeln, an deren Riemenenden Glas befestigt war. Es galt als Zeichen besonderer Tapferkeit und Galanterie, wenn man sich so verwunden konnte, daß dabei der am Straßenrand stehenden bewundernden Geliebten ein Blutstropfen aufs Kleid fiel. Goya hat Büßerprozessionen 1794 skizziert und um 1812 auf einigen kleinen Ölbildern dargestellt.

Die Inquisition

Der Habsburger Philipp II. († 1598) hatte die schon seit 1480 wirkende Inquisition zu einem seiner wichtigsten Machtinstrumente gemacht. Mit ihrer Hilfe konnte er alle Angelegenheiten seiner Untertanen kontrollieren, gleich, ob sie öffentlicher oder privater Natur waren. Die Inquisition diente ihm hauptsächlich zur Ausschaltung politischer Gegner. Nach seinem Tode verselbständigte sie sich als Institution zur Überwachung der Bevölkerung und wetteiferte mit der Regierung um die Macht im Staat. Als die französischen Bourbonen auf den spanischen Thron kamen (1701), versuchten sie daher, die Macht der Kirche zu beschneiden. 1753 wurde die Zahl der geistlichen Ämter, die der Papst in Spanien vergeben konnte, von 12 000 auf 52 herabgedrückt. 1766 erfolgte durch Karl III. die Vertreibung der Jesuiten. Trotzdem behielt die Kirche ihren Einfluß auf die Bevölkerung und stellte sich mit Hilfe der Inquisitionsbehörde, des „Heiligen Offiziums", jedem Fortschritt in den Weg.

„Aguarda que te unten – Warte, bis sie dich salben“

Die Intellektuellen Spaniens hatten darunter besonders zu leiden, denn sie wurden von der Unterdrükkung der Geistesfreiheit am meisten betroffen. Alle Importe ausländischer Bücher z. B. standen unter strengster Kontrolle. Eingeschmuggelte Schriften der französischen Aufklärung konnten nur heimlich zirkulieren und wurden oft von Hand abgeschrieben und weitergereicht. Die Zensurbehörde überwachte auch die literarische Produktion innerhalb Spaniens. Schriften der aufgeklärten Freunde Goyas konnten entweder gar nicht, anonym oder nur unter großen persönlichen Risiken veröffentlicht werden.

Die Einschränkung des geistigen Lebens machte es schwer, nicht den Anschluß an die europäische Entwicklung zu verpassen. Seit Philipp V., dem ersten Bourbonen auf dem spanischen Thron, kam es zu einem ewigen Streit um die Macht im Staat zwischen Regierung und Kirche (Inquisition). Karl III., d. h. seinem Minister Graf von Aranda, ging es um die Durchsetzung von Reformen, die das „Gigantenskelett" Spanien wieder aufpäppeln sollten. Aber Aranda und mit ihm die Reformen fielen dem Intrigenspiel der Inquisition zum Opfer. Karl IV. (1748 – 1819) überließ die Politik seiner Frau Maria Luisa (1751 – 1819) und deren Liebhaber Manuel Godoy (1766 – 1851). Ihnen beiden ging es nicht mehr um die Gesundung des spanischen Staates. Sie benützten die Politik als Mittel zur Förderung ihrer persönlichsten Interessen. Sie spielten die Befürworter und die Gegner von Reformen gegeneinander aus. Je nach Lage beriefen sie aufgeklärte Intellektuelle zu Ministern, um der Kirche einen Hieb zu versetzen, oder ließen zu, daß sie mit Hilfe eben der Inquisition wieder gestürzt wurden, gegen die man sie berufen hatte: Die Intrigen von Hof und Inquisition brachten innerhalb weniger Jahre mindestens ein Dutzend Männer aus Goyas engerer Umgebung zu Fall. Am härtesten traf es Jovellanos, der 1798 Justizminister war. Zusammen mit seinem Freund Saavedra, den man zum Finanzminister gemacht hatte, wurde er Opfer eines Vergiftungsversuches; gleichzeitig wurden beide ihrer Ämter enthoben. 1801 mußte Jovellanos nach Gijon in die Verbannung gehen, danach wurde er bis 1808 auf Mallorca als Staatsgefangener eingesperrt. Als die französische Armee Spanien besetzte, wurde er befreit. Die Inquisition blieb bis 1808 intakt. Als der Bruder Napoleons, Joseph Bonaparte, spanischer König wurde, schöpften die reformfreudigen Intellektuellen in Spanien Hoffnung. Doch war diese von nur kurzer Dauer. Die Besetzung Spaniens durch französische Truppen gab den geistlichen und weltlichen Reformgegnern das Mittel zur Wiederherstellung der alten Verhältnisse in die Hand. Sie nützten den Widerstand des Volkes gegen die Besatzer. Vier Jahre Guerilla-Krieg führten nicht zu einer Lösung Spaniens aus den Fesseln feudalistischer Mißwirtschaft, sie endeten nicht in der Proklamierung einer spanischen Republik mit den entsprechenden bürgerlichen Freiheiten. Nach den „Schrecken des Krieges" kam mit Ferdinand VII. (1813) der „Schrecken der Inquisition", die Unterdrückung jeglicher Geistesfreiheit, zurück.

„Estan calientes – Sie sind heiß“

Unter der Regierung Philipps V. (1701–46) hatte es noch 782 öffentliche Ketzerverbrennungen gegeben. Unter dem aufgeklärten Absolutismus Karls III. nahmen die Verurteilungen der Ketzer zum Tod durch Verbrennen ab. In seiner Regierungszeit (1759–1788) wurden nur vier Personen lebendigen Leibes verbrannt, die letzte 1781 in Sevilla. Dennoch gab es das Schauspiel des „Auto-da-fé", des Ketzer-Gerichts, oft genug zu sehen. Auch Goya hat es miterlebt (Caprichos 23, 24). Wer sich zur Vernunft bekannte, statt dem Aberglauben zu huldigen, mußte stets darauf gefaßt sein, eines Tages bei der Inquisition angeklagt zu werden. Selbst wenn die Verurteilung „nur" auf Gefängnisstrafe, Prügelstrafe, Prangerstehen oder Verbannung lautete, war der Prozeß, dem der Angeklagte unterworfen wurde, zutiefst entwürdigend. Er mußte im Schandkleid und in der Büßermütze öffentlich seinen „Irrtümern" abschwören und sich der Gewalt der Kirche unterwerfen. Jeder Intellektuelle fürchtete eine solche Zerstörung seines Stolzes und seiner Persönlichkeit. Viele flohen ins Exil, darunter einige Freunde Goyas und dieser endlich auch selbst.

Wiederholte Male hatte sich das Heilige Offizium für seine Kunst interessiert. Wahrscheinlich hat er deswegen 1799 seine Caprichos nach 14 Tagen vom Verkauf zurückgezogen und 1803 dem einfältigen König Karl IV. „geschenkt". 1815 wurde Goya wegen der bekleideten und der unbekleideten „Majas" vor die Inquisition geladen. Die Bilder wurden für unzüchtig erklärt. Goya konnte sich aber herausreden.

1824 hielt sich der achtundsiebzigjährige Greis drei Monate lang, von Januar bis April, bei einem Freund verborgen, dann reiste er nach Bordeaux. Sicher nicht aus Krankheitsgründen.

„ ‚*Der Schlaf der Vernunft gebiert Ungeheuer!*'.
Francisco de Goya,
‚*Die Caprichos*' "

Wichtig waren für Goya nicht nur die Eindrücke, die er am Hof des Königs und im Kreis der „Illustrados", seiner aufgeklärten Freunde, erhielt. Auch das Leben auf der Straße und die Diskrepanzen und Widersprüche zwischen der Welt des Adels und der des Volkes wirkten befruchtend auf sein Werk.

Das spanische Leben im 18. Jahrhundert, vor allem das Leben in Madrid, war von einer malerischen Gestalt beherrscht, vom „Majo", dessen Frechheit ebenso hinreißend war wie seine heitere Ausgelassenheit. In beiden Eigenschaften wurde er von seinem munteren weiblichen Gegenstück, der „Maja", erreicht, wenn nicht gar übertroffen. Ihre lustigen Lieder, der zwingende Rhythmus ihrer Tanzweisen, ihr lauter Zank, doch auch ihre Gelassenheit und Würde ließen jede andere Gestalt im spanischen Leben klein und unbedeutend erscheinen. Es lohnt sich, sie etwas näher zu betrachten.

Der „Majo", so wird berichtet, war ein ruhmrediger Bursche, händelsüchtig und stets bereit, einen Streit vom Zaun zu brechen; er legte Wert darauf, gut und auf seine besondere Art gekleidet zu sein. Mit bunten Farben angetan, kam er in der Mitte der Straße daher und wich keinem aus, sei es Bürger, Edelmann oder Polizist. Er rauchte beständig große schwarze Zigarren (Rauchen in jeder Form galt bei den tabakschnupfenden oberen Klassen von Madrid für höchst unfein); er war, kurz gesagt, das Gigerl der Armen mit einem ausgesprochenen Widerwillen gegen ehrliche Arbeit.

Bei festlichen Gelegenheiten war die Maja ebenso sorgfältig in ihre Volkstracht gekleidet wie der Majo. Doch für gewöhnlich trug sie sich wie andere Frauen der Arbeiterklasse, denn sie mußte sich ihr Brot verdienen oder, wenn sie verheiratet war, ihre Wirtschaft besorgen. Alle Maronen-, Apfelsinen- und Zitronenhändlerinnen, die meisten Marktweiber und viele Dienstmädchen waren Majas.

Die Beziehungen zwischen den Majos und ihren Majas waren streng festgelegt. Jeder Majo, der noch keine Maja hatte, war auf der Suche nach einer, und umgekehrt. Die Beziehung wurde durch den Austausch von Geschenken hergestellt. Wollte einer der beiden Teile die Partnerschaft lösen, so wurden die Geschenke zurückgegeben. Die Maja suchte ihre Liebhaber dahin zu bringen, daß er sie heiratete, und der leiseste Argwohn, es könne eine anderweitige Liebelei bestehen, gab Anlaß zu heftigen Auftritten. Wenn der Majo ihr Mißfallen erregte, durfte die Maja ihn knuffen, und der Majo durfte die Maja schlagen, wenn ihr Betragen ihn ärgerte; doch es galt für ungehörig, sich mit ihr herumzubalgen. War die Maja unverheiratet, so hielt sie meistens den Majo aus. Doch war sie schon, wie es zuweilen vorkam, mit einem einfachen Handwerker verheiratet, so mußte der Majo durch seiner Hände Arbeit sein Brot verdienen und genug Geld dazu, um Zerstreuung und kleine Geschenke für seine Geliebte zu beschaffen. In ihren Beziehungen zu anderen Frauen war die Maja ebenso hitzköpfig, stolz und zanksüchtig wie der Majo.

Die Majos und Majas betrachteten sich als die Vertreter des reinen kastilischen Geistes und hielten sich den Angehörigen der höheren Klassen für überlegen, denn diese waren durch ausländische Einflüsse verderbt. Und die oberen Klassen erkannten diesen Anspruch an. Bourgoing schreibt: „In den meisten Ländern halten es die niederen Klassen für eine Ehre, die höheren Stände nachzuäffen; für Spanien gilt in vieler Hinsicht das Gegenteil. Nicht selten suchen sich Männer und Frauen von Rang ihr Vorbild unter den Helden des Volkes, ahmen ihre Kleidung, ihre Sitten, ihre Sprechweise nach und fühlen sich geschmeichelt, wenn man von ihnen sagt: Er ist wirklich der reine Majo – man könnte sie für eine Maja halten.“

F. D. Klingender:
„Goya in der demokratischen Tradition“

Das Portrait der Familie Karls IV.

Eine interessante Interpretation des Gruppenportraits der Familie Karls IV. stellt der Kunsthistoriker Fred Licht vor, der in Goya vor allem das Innovative im Vergleich zur Tradition des großen Diego Velázquez hervorhebt.

Seit Théophile Gautier die Personen in Goyas Gruppenporträt als „der Bäcker an der Ecke und seine Frau, nachdem sie in der Lotterie gewonnen haben" beschrieb, haben sich wohl alle Wissenschaftler, Kunstfreunde und zufälligen Prado-Besucher gefragt, wie es wohl möglich war, daß Goyas königliche Brotherren ein solch degradierendes Porträt akzeptieren konnten. Auch wenn man berücksichtigt, daß die spanische Porträtmalerei oft bis zur Übertriebenheit realistisch war, so bleibt Goyas Porträt in seiner unnachgiebigen Beschreibung menschlichen Bankrotts doch einzigartig.

Porträts – vor allem offizielle – drücken immer den Wunsch nach Verewigung aus und sind, zumindest bis zu einem gewissen Grade, Monumente. Aus Gründen, die er uns auch zu erkennen gibt, stellt uns der Künstler sein Modell als jemanden vor, der unserer Achtung würdig ist, und mehr als die Summe seiner Gesichtszüge. Goya war der erste Künstler, der dem Porträt seine geheimnisvollen

Die Familie Karls IV.

1 Infant Carlos María Isidro
2 Francisco Goya
3 Infant Fernando
4 Infantin María Josefa
5 Unbekannt
6 Infanta María Isabella
7 Königin Marie Luise
8 Infant Francisco de Paula
9 König Karl IV.
10 Infant Antonio Pascual
11 Unbekannt
12 Prinz von Parma
13 Prinzessin von Parma mit ihrem Kind

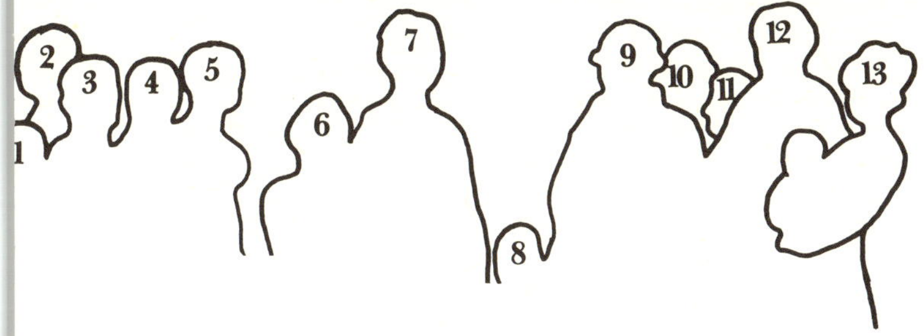
1
2
3
4
5
6
7
8
9
10
11
12
13

überhöhenden Eigenschaften nahm. Mit Goya wurde die Porträtmalerei zu dem Genre, das am tiefsten und einschneidensten unter den geistigen Wandlungen des 19. Jahrhunderts litt. Nie mehr gewann sie ihre frühere Kraft und Beliebtheit zurück.

Wie ein Porträt von solch schonungsloser Offenheit von seinen Auftraggebern akzeptiert werden konnte, ist nur eines der vielen Rätsel, die dieses große Werk umgeben. Ein weiteres ist der eigenartige Standort des Künstlers – nicht vor seinen Modellen, sondern hinter ihnen. Goya hat also offenkundig das Vorbild von Velázquez, der in „Las Meninas" (vgl. S. 29) sich an dieser Stelle porträtierte, übernommen. Ein Blick auf die Grundkonzeption beider Bilder genügt, um diese Tatsache bestätigt zu finden. In beiden Gemälden steht der Künstler hinter einer sich leicht neigenden Leinwand auf der linken Seite, wird das Blickfeld durch zwei an der hinteren Wand hängende Bilder begrenzt und sind alle Personen locker um eine glänzend kostümierte weibliche Figur (die Infantin bei Velázquez; Maria Luisa bei Goya) arrangiert, die mit leicht erhobenem Kopf aus dem Bild blickt.

Kaum, wenn überhaupt jemals, hat sich je ein Künstler so deutlich auf das Werk eines Vorgängers bezogen. Goyas Verwendung von „Las Meninas" kann man nicht als eine „Anleihe" in Motiv und kompositioneller Idee bezeichnen. Wenn sich Tintoretto das Kompositionsschema Michelangelos zu eigen machte oder sich die Rubensschen Figuren aus denen Tizians herleiten lassen, so fügen sich diese „Anleihen" durchweg in ihre neue stilistische Umgebung ein. Sie sind nicht fremdartige Elemente in einer grundsätzlich andersgearteten Umgebung, wie es bei dem Standort und der Haltung der Königin Maria Luisa der Fall ist, die plump die Infantin nachäfft. Goya ist vielleicht der erste Maler, der von vorausgegangenen Künstlern eingeführte Motive wiederaufnimmt und sie unter minimalen Veränderungen mit einer völlig unterschiedlichen stilistischen Umgebung zusammenbringt. Er macht nicht nur Kunst aus bereits vorhandener, sondern enthüllt auch diesen Vorgang ganz ungeniert, statt ihn zu verbergen. Indem er die entliehenen Elemente herausstellt, statt sie einzuschmelzen, zwingt er uns dazu, seinem Werk unsere Erinnerung an ein anderes Gemälde überzustülpen. Dadurch bleibt der Vergleich mit einem Prototyp keine beiläufige Hommage an einen früheren Künstler, sondern wird zu einer integralen Bedeutungskomponente des Werkes.

Ohne zu tief in die Problematik einzusteigen, die „Las Meninas" der heutigen Forschung stellt, kann man doch sagen, daß der thematische und kompositionelle Kern des Bildes an die Präsenz des an der Wand hängenden Spiegels gebunden ist, der die Eltern der Infantin reflektiert. Die eindringlichen Blicke von Velázquez, der Infantin und des Kammerherrn im Hintergrund erzeugen eine Spannung, die sich durch die Anwesenheit von König und Königin erklärt, die (nach der Wiedergabe im Spiegel zu urteilen) nirgendwo außerhalb des Bildes stehen. Gäbe es diesen Spiegel nicht, der uns mitteilt, worauf sich die Blicke der Hauptfiguren konzentrieren,

Die spanischen Bourbonen

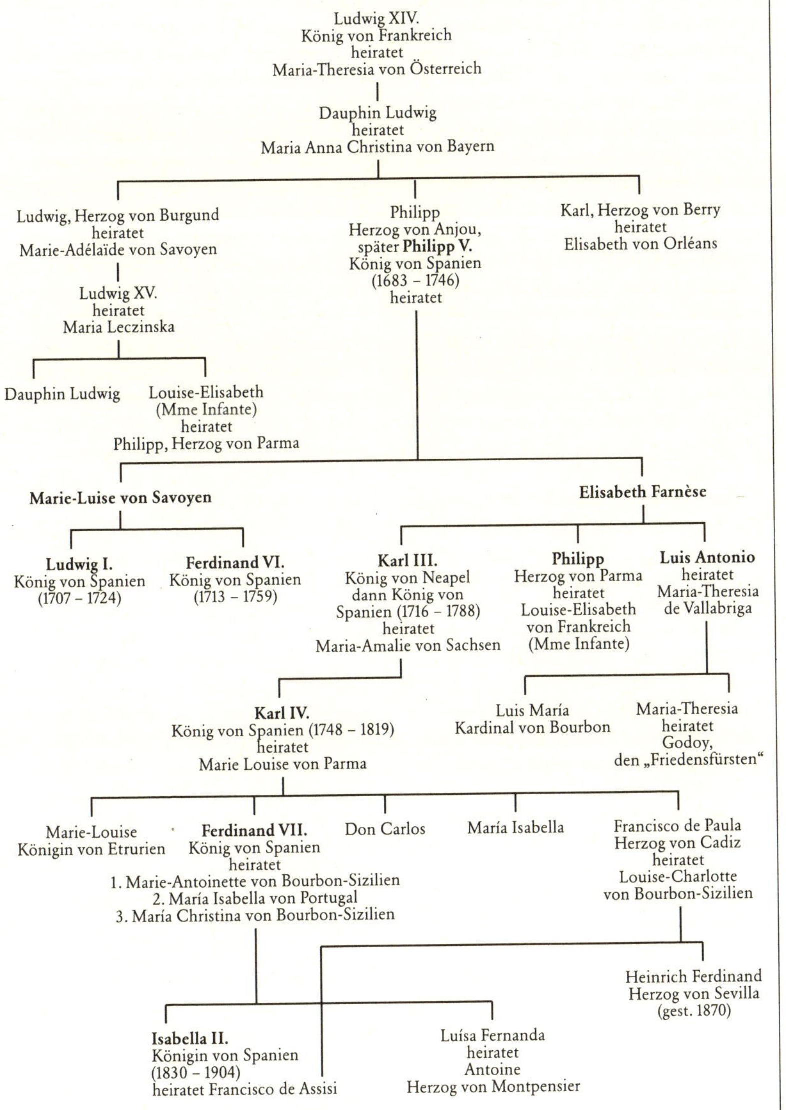

bliebe „Las Meninas" unverständlich. Auch bei Goya sind die aufmerksamen Blicke fast aller Dargestellten auf ein Objekt außerhalb des Bildes fixiert. Doña Maria Josefa, die groteske alte Schwester des Königs, streckt sogar mit angestrengter, vogelhafter Neugier ihren Kopf nach vorne. Aber wir suchen vergeblich nach irgendeinem Objekt, das uns einen Hinweis darauf geben könnte, wohin all diese Leute starren. Nach all dem Aufwand, den Goya betreibt, seine Komposition auf der von Velázquez aufzubauen, läßt er das wichtigste Detail weg, durch das sich der Sinn von „Las Meninas" ergibt: den Spiegel und seine das ganze Bild erklärenden Widerspiegelungen.

Oder zeigt er ihn doch? Vielleicht soll uns das Fehlen des Schlüsselelements in der „Familie Karls IV." mit Absicht so verwirren, daß wir uns auf die Suche nach dem Spiegel machen, den Goya boshafterweise versteckt hat? Vielleicht ist dies der Grund, warum er auf solch offenkundig unbeholfene Weise auf „Las Meninas" hinweist. Uns bleibt nichts übrig, als zumindest den Versuch zu unternehmen, den Spiegel zu entdekken, und zu hoffen, daß, wenn wir ihn finden, er für Goya dasselbe leisten wird wie für Velázquez: nämlich eine Antwort auf eines der verwirrendsten Gruppenporträts zu geben, das je gemalt wurde.

Fred Licht:
„Goya. Beginn der modernen Malerei"

Goya als Ursprung der modernen Malerei

Von manchen Kunsthistorikern wird Goya als der Initiator der modernen Malerei gesehen, und das unter mehreren Aspekten: Sein visionärer Blick, sein malerisches Temperament, die psychologische Sensibilität und die Schärfe seiner Argumentation, die sich besonders in seinen Radierungen und Portraits zeigen, machten ihn zum Vorläufer einer kritischen, sich vom Auftraggeber selbstbewußt emanzipierenden Künstlergeneration, die sich erst Jahrzehnte später in der Gesellschaft durchsetzen sollte. Sein Malstil, der sich von akademisch klassischen Posen in der Komposition und einer pedantischen Pinselführung befreite, griff weit zurück in die Vergangenheit – Rembrandt, Frans Hals und, unter den Spaniern, der große Velázquez werden genannt. Ebenso weit aber wies er in die Zukunft und machte ein Phänomen wie den Impressionismus erst möglich. Eine vorbildliche Künstlerpersönlichkeit war Goya für viele Nachfolgende, die selbst andere Möglichkeiten hatten, aber seine Tradition auf die eine oder andere Weise fortführten. Die Rezeption von Goyas Bilderfindungen läßt sich beispielhaft an dem französischen Künstler Edouard Manet (1832 – 1883) aufzeigen. Manet hatte bei dem berühmten Salonmaler Thomas Couture gelernt, bildete jedoch sein Talent durch das Kopieren älterer Meister (z. B. Giorgione, Velázquez und Delacroix), was damals durchaus nicht ungewöhnlich war. Einen Skandal im Pariser Salon von 1863 löste Manet mit seinem Bild „Das Frühstück im

„Desjarette de la canalla con lanzas, medias lunas, banderillas, y otras armas.“
(Das Durchschneiden der Kniekehlen des Stieres mit Lanzen, Halbmonden, Banderillas und anderen Waffen.)

Grünen“ aus, dessen Komposition und sogar die Posen der Figuren auf Gemälde aus der Renaissance zurückzuführen waren. Skandalös waren nicht die offensichtlichen Anleihen bei anderen Meistern, sondern die Tatsache, daß die vordere der beiden Damen neben den beiden konventionell gekleideten Herren in völliger Nacktheit gezeigt wurde, und zwar nicht nur nackt, sondern ausgezogen, wie die neben ihr liegenden Kleider bewiesen. Einen ähnlichen Skandal löste zwei Jahre später die ebenfalls auf Renaissancevorbilder zurückgreifende „Olympia“ aus. Das Modell für diese Olympia soll eine stadtbekannte Kurtisane gewesen sein, die durch ihre völlig unbefangen, ja fast stolz zur Schau getragene Nacktheit die Pariser provozieren mußte. Die Nacktheit dieser Olympia, die durch das schmale Halsband, welches ihr einziges Kleidungsstück ist, noch schamloser wirkt, läßt den Vergleich mit Goyas „Nackter Maja“ aus der Zeit um 1800 zu. Beide Damen strecken sich auf einer Chaiselongue lasziv vor den Augen des Betrachters. Beide, und das ist neu im Vergleich zu den Renaissancevorbildern, machen keine Anstalten, ihre Scham zu verhüllen, sondern sehen den Betrachter herausfordernd an. Es ist, als ob Manet Goyas Maja spiegelverkehrt und mit geringen Variationen in der Arm- und Kopfhaltung wiedergegeben habe.

Manet, der in seinen Studienjahren schon Velázquez kopiert hatte, unternahm 1865 eine Spanienreise, um auch andere spanische Meister, z. B. Francisco de Zurbarán (1598–1664) und José de Ribera (1591–1652), an Originalen studieren zu können. Obwohl er von seiner Reise an einen

Freund schrieb, daß er an Goya nicht sehr interessiert sei, muß ihn doch gerade dieser Künstler sehr beeindruckt haben. Auch Charles Baudelaire, mit dem Manet befreundet war und der schon früh die Radierungen Goyas zu würdigen verstand, wird Manet auf Goyas Kunst aufmerksam gemacht haben. Überhaupt wurden Goyas Radierungen schon früh in Frankreich populär: Bereits 1809 machte der Sammler Vivant-Denon eine Serie der Caprichos über die Pariser Bibliothèque Nationale der französischen Öffentlichkeit zugänglich. Nachdrucke der Tauromaquia waren ab 1855, andere kurz darauf erhältlich, was auch ein allgemeines Interesse an Goyas Gemälden zur Folge hatte. Nach der „Olympia", die offensichtlich Goyas Auffassung der „Nackten Maja" nahestand, malte Manet noch einige Bilder, an denen der Einfluß Goyas deutlich ablesbar ist.

In dem Bild „Die Erschießung des Kaisers Maximilian" (eine Fassung befindet sich heute in der Mannheimer Kunsthalle) aus dem Jahr 1867 spiegelt sich das Bild Goyas „Der 3. Mai in Madrid" von 1814 (Prado, Madrid). Wie schon das Bild Goyas ist auch das Bild Manets eine Reaktion auf ein aktuelles Geschehen: Maximilian, ein Bruder des österreichischen Kaisers Franz Joseph I., hatte auf Betreiben von Napoleon III. im Jahr 1864 die Kaiserkrone von Mexiko angenommen. Er wurde durch Verrat im Juni 1867 gefangengenommen und von den mexikanischen Revolutionären erschossen. Manet orientierte sich zwar bei der Komposition eindeutig an Goyas Gemälde, inhaltlich stellt er jedoch das genaue Gegenteil dar: Bei Goya sind es die Aufständischen aus den Reihen des Volkes, die, verurteilt von der staatlichen Macht, erschossen werden; Manet zeigt auf seinem Gemälde, wie die Revolutionäre den offiziellen Träger der Staatsmacht erschießen.

Auch ein anderes Bild, der 1868 entstandene „Balkon" (Paris, Musée d'Orsay), läßt sich auf Vorbilder von Goya zurückführen. Manet zeigt auf diesem Gemälde vier Personen, die, parallel zum Betrachter, auf einem schmalen Balkon vor einer dunklen Fensteröffnung stehen bzw. sitzen. Zwischen 1800 und 1814 malte Goya mehrere Bilder (heute in Madrid, New York und in Privatsammlungen), die ebenfalls einige Personen auf einem Balkon zeigen, ebenfalls vor einer dunklen Fensteröffnung und ebenfalls scheinbar nur durch die schmale Brüstung vom Bildbetrachter getrennt. Er nannte diese Bilder: „Majas auf dem Balkon".

Besonders interessant ist Manets „Balkon"-Rezeption, da im 20. Jahrhundert ein weiterer Künstler Goyas Thema der „Majas auf dem Balkon" aufgriff, jedoch hierbei über den Umweg über Manets Gemälde ging: Der belgische Surrealist René Magritte (1898–1967) zeigte auf seinem Bild „Perspective II: Le Balcon de Manet" von 1950 (Gent, Museum van Hedendaagse Kunst) statt der vier Personen auf Manets Bild vier Särge in entsprechenden Positionen vor einem mit Manets Bild identischen Hintergrund.

Daß Manet Goya so auffällig und oft in seinen Bildern zitierte, liegt

„Majas auf dem Balkon"

nicht daran, daß er arm an eigenen Einfällen gewesen wäre, sondern an seiner Bewunderung des spanischen Meisters und dem Bewußtsein der Aktualität der Bilder Goyas auch noch Jahrzehnte nach dessen Tod.

Auch andere Künstler bezogen von Goya entscheidende Anregungen. Neben Honoré Daumier, Edvard Munch, Salvador Dalí und vielen anderen ist vor allem der Spanier Pablo Picasso zu nennen, der sich in seinem 1937 entstandenen Monumentalgemälde „Guernica" (New York, Museum of Modern Art) auf Goyas „3. Mai in Madrid" bezieht. Beide Bilder weisen sowohl formale wie auch inhaltliche Parallelen auf. Wie schon Goya und Manet, hat auch Picasso sein Bild als direkte Reaktion auf ein erschütterndes Ereignis gemalt. Die spanische Stadt Guernica wurde 1937 im Bürgerkrieg von deutschen Flugzeugen zerstört, wobei kaum jemand von der Zivilbevölkerung der Stadt den Angriff überlebte.

Den Gemälden von Goya und Picasso ist gemeinsam die kompositionelle Orientierung von rechts nach links, die Konzentration auf die Figurenszene im Vordergrund, was ein Verblassen des architektonischen Hintergrundes zur Folge hat, ferner das zentrale Motiv der Lampe (bei Goya auf der Erde stehend und bei Picasso als Deckenlampe) sowie zahlreiche Entsprechungen der Figuren. Beide Gemälde zeigen am linken Bildrand eine Mutter mit einem Kind auf dem Arm (bei „Guernica" ist dies ein totes Kind); auf beiden Gemälden liegt ein toter Mann mit ausgebreiteten Armen am Boden. Die zentrale Figur des Mannes mit den weit ausgestreckten Armen auf Goyas Gemälde versetzte Picasso an den rechten Bildrand und verstärkte die Dramatik durch das Zurückbiegen des Kopfes. Die Phalanx der schießenden Soldaten allerdings, die „Täter", bezog Picasso in sein Gemälde nicht mit ein, denn in Guernica fiel der Tod vom Himmel.

Auch wenn an dieser Stelle lediglich die bekanntesten Beispiele der Goya-Rezeption vorgestellt wurden, wird wohl deutlich, welche prägende Wirkung der Maler auf die nach ihm folgenden Künstlergenerationen gehabt hat. Noch immer enthalten seine Gemälde und seine Graphiken genug Anregungen, um auch zukünftigen Künstlergenerationen Stoff für eine fruchtbare Auseinandersetzung zu bieten.

Frank M. von Berger

Goya in den Augen der Kunst

Das schicksalreiche Leben Goyas, seine expressiven Bilder und die Tatsache, daß sein Leben eng mit den dramatischen Ereignissen seiner Epoche verknüpft war, machte ihn zu einer interessanten Figur für Schriftsteller.

Der spanische Philosoph und Schriftsteller José Ortega y Gasset (1883 – 1955), der vorwiegend kulturphilosophische Schriften verfaßt hat, ließ sich von dem Eindruck, den die Malerei Goyas auf ihn machte, zu einem Essay inspirieren, in dem er auch Velázquez würdigt.

Wie zahllose Spanier, die einen mehr, die anderen weniger, habe auch ich Goya erlebt. Es gibt auch recht viele unter den übrigen Europäern, denen dasselbe widerfahren ist. Goya ist eine Tatsache erster Ordnung und gehört zum Schicksal des Abendlandes. Goya erleben heißt, daß man ihm begegnet ist, denn die Begegnung mit ihm ist immer nachwirkend, tiefgehend, beunruhigend. Es ist nicht wahrscheinlich, daß irgend jemand gleichgültig bleibt, nachdem er wenigstens einen guten Teil seines Werkes betrachtet hat. Dagegen ist es durchaus möglich, daß Goya den einen oder anderen verärgert. Aber diese Verärgerung ist nicht irgendeine beliebige. Sie ist von eigener Art. Sie entlädt sich auf den Künstler, aber fährt im Rückstoß auf den zurück, der sie spürt, und versetzt ihn in einen Zustand der Besorgnis um sich selbst. Goya gibt uns in der Tat zu spüren, wie ungebändigt eine Kunst ist, die ihm erlaubt, urplötzlich in die dramatischsten Tiefen des Lebens einzutauchen, ausgerechnet zu den Dingen hin, die zu erleben wir gewöhnlich vermeiden. Wenn auch ein Teil seines Werkes die Malertradition der Vergangenheit fortsetzt und sich dazu auf die Manier seiner Zeit stützt, so gibt es andererseits einen Aspekt seines Werkes, wo Goya unversehens dies alles abschüttelt und einen Sprung in das am allerwenigsten Vorausgesehene tut. Er ist der Prototyp eines so seltsamen Phänomens, wie es die „Originalität" ist, und diese ruft bei uns stets eine einschüchternde Wirkung hervor, denn wir vermögen uns nicht zu erklären, wie ein Mensch den Traditionen entkommen und seinen Fuß unversehens auf Gestade setzen kann, die vorher nicht existiert haben.

José Ortega y Gasset:
„Velázquez und Goya"

In seinem 1951 erschienenen Roman „Goya oder Der arge Weg der Erkenntnis" verarbeitete der deutsche Schriftsteller Lion Feuchtwanger (1884–1958) historische Fakten und Legenden zu einer farbigen Biographie. Obwohl viele Details des Romans Früchte der Phantasie des Autors sind, gelingt es Feuchtwanger dennoch, ein packendes Bild der Zeit zu malen, in der Goya sein Lebenswerk schuf.

Besonders pikant ist die Passage, wo Goya von König Karl IV. aufgefordert wird, das Gruppenbildnis der königlichen Familie zu malen.

„Passen Sie auf, mein Lieber", setzte ihm der König auseinander, „was ich mit Ihnen vorhabe. Es trifft sich, daß in diesem schönen Monat Mai alle meine Lieben hier in Aranjuez beisammen sind. Und da ist mir eine Idee gekommen. Sie müssen uns malen, Don Francisco, alle zusammen, auf *einem* Bild."

Goya hörte gut an diesem Tag, und die Majestät hatte eine laute Stimme. Trotzdem glaubte er, er habe sich verhört. Denn was da aus den Worten des Königs vor ihm aufstieg, war ein einmaliges, märchenhaftes Glück, und er fürchtete, es könnte, wenn er zu hastig danach greife, sich in Luft auflösen.

Selten hatte ein König Lust, zusammen mit seiner ganzen Familie einem Maler zu sitzen. Personen von Geblüt hatten wenig Geduld, und hatte der eine Muße, dann war der andere beschäftigt. Nur überaus hochgeschätzte Meister hatten solche Gruppenbilder ausführen dürfen, keiner seit Miguel van Loo.

„Ich hab mir's folgendermaßen gedacht", sprach Don Carlos weiter. „Sie machen was Hübsches, Gemütliches und doch Würdiges, so wie auf dem Bild des Vierten Philipp, wo die kleine Infantin das Glas Wasser kriegt und der eine Bursche dem Hund einen Tritt gibt. Oder wie auf dem Bild meines Großvaters, des Fünften Philipp, wo sie alle so bequem herumsitzen. Ich könnte zum Beispiel meine Uhren vergleichen, oder ich spiele Violine. Die Königin liest, meine Jüngsten spielen Haschen. Alle sind angenehm beschäftigt, und doch ist eine gewisse Würde da. Sie verstehen, Don Francisco."

Don Francisco verstand. Aber so stellte er sich's nicht vor. Ein Genre-Bild, niemals. Aber er war vorsichtig, er wollte sich die wunderbare Chance nicht verderben. Er danke dem König für sein Vertrauen, antwortete er ehrerbietig, und für die außerordentliche Auszeichnung. Er bitte um ein oder

Lion Feuchtwanger

zwei Tage Zeit, dann wolle er der Majestät Vorschläge machen. „Genehmigt, mein Lieber", antwortete Carlos. „Ich bin niemals eilig und schon gar nicht in Aranjuez. Wenn Ihnen was eingefallen ist, lassen Sie es Doña Luisa und mich wissen."

An diesem Tage und auch am folgenden vermied der gesellige Goya Gesellschaft. Versunken in sich selber, beinahe benommen von seinem Glück, Anrufe nicht hörend oder nicht hören wollend, ging er durch das helle, feierlich heitere Schloß von Aranjuez, schlenderte er herum in den wunderbaren Gärten, unter den gewölbten Laubdächern der Calle de Alhambra und der Calle de los Embajadores, vorbei an Brücken und Brücklein, an Grotten und Wasserkünsten.

Etwas „Gemütliches", nein, davon wird die Majestät wohl absehen müssen. Die „Familie Philipps des Fünften" des van Loo mit der kunstvoll natürlichen Gruppierung war albernes Theater, ein läppisches Machwerk, zu dergleichen wird er nicht hinuntersteigen. Und die „Hofdamen" des Velázquez, die „Meninas" – gewiß, die spanische Malerei hatte Höheres nicht erreicht, und er bewunderte das Bild. Aber es blieb ihm fremd mit seiner gefrorenen Heiterkeit. Wie immer, er wollte mit keinem wetteifern, mit dem großen Velázquez sowenig wie mit dem kleinen van Loo. Er wollte wetteifern nur mit sich selber; sein Bild sollte von Francisco Goya sein, von niemand sonst.

Am zweiten Tage sah er unklar und sehr ferne, was er machen wollte. Aber er wagte sich nicht näher heran, damit es ihm nicht verschwinde. Das Vage, Fernschwebende sehend, denkend, träumend ging er zu Bett, schlief er ein.

Als er andern Morgens erwachte, wußte er deutlich, was er machen werde.

Er ließ sich bei den Majestäten melden. Setzte seine Idee auseinander, mehr zu Doña Maria Luisa sprechend als zu Don Carlos. Ihm glücke, meinte er bescheiden, die Wiedergabe der Katholischen Könige am besten, wenn er das Repräsentative betonen dürfe, das ungemein Würdige, welches von Höchstihnen ausstrahle. Er habe Angst vor einer gewissen gesuchten Ungezwungenheit, die wirken könnte, als handle es sich um nur adelige oder gar bürgerliche Personen. Er möchte deshalb den Majestäten ehrerbietig nahelegen, ihm zu befehlen, das geplante Familienbild repräsentativ zu halten. Die Mitglieder der königlichen Familie sollten dastehen als diejenigen, wozu die Gnade Gottes sie gemacht, als Könige und Infanten. Einfach dastehen sollten sie in ihrem ganzen Glanz.

Don Carlos war enttäuscht. Er verzichtete ungern auf die Idee, sich auf der Leinwand zu sehen mit seinen Uhren in der Hand und seiner Geige auf dem Tisch. Vielleicht war es nicht ganz königlich, wenn er sich so gemütlich malen ließ, aber man konnte es rechtfertigen, daß sich ein Monarch im Kreise der Familie als Privatmann gab. Andernteils ließ der Vorschlag seines Hofmalers in ihm neu und stärker eine Vorstellung aufsteigen, die sein Inneres in den letzten Wochen mehrmals beschäftigt hatte. Aus Paris waren vertrauliche Meldungen gekommen, daß sich dort eine royalistische Verschwörung vorbereite, und Manuel hatte angedeutet, es könnte vielleicht, wenn man diese Bewegung geschickt unterstütze, das französische Volk ihm, Don Carlos, als dem Haupte der Bourbonen auch die Krone Frankreichs anbieten. Yo el Rey de las Españas y de Francia, dachte er. Wenn er dastehen wird in der Mitte der Seinen, in stolzer Uniform, mit funkelnden Bändern und Orden, mit seinem starken Körper und seinem würdevollen Kopf, und wenn er sich eifrig denkt: Yo el Rey, dann wird dieser Hofmaler sicher imstande sein, einen Abglanz davon auf seine Leinwand zu bringen. „Ihre Idee scheint mir nicht ohne", verkündete er. Goya atmete auf.

Der Königin hatten die Worte ihres Hofmalers sofort eingeleuchtet. Sie war repräsentativ, so hatte sie Goya des öftern gemalt, und in der Mitte der Ihren wird sie bestimmt doppelt so repräsentativ wirken. Aber machte sich's Goya nicht ein wenig zu einfach? „Wie stellen Sie sich das vor, Don Francisco?" fragte sie, nicht ungnädig, doch noch zweifelnd. „Alle in einer Reihe? Ist das nicht ein wenig eintönig?" – „Wenn Sie mir die Gnade erweisen wollen, Señora", erwiderte Goya, „es auf den Versuch ankommen zu lassen, dann, glaube ich, werde ich Sie zufriedenstellen."

Man kam überein, der König und die Seinen sollten sich morgen in der Grünen Galerie versammeln, alle in Gala, dann werde man endgültig festlegen, wie Don Francisco „Die Familie Carlos' des Vierten" malen werde.

Andern Tages stellten sich denn auch die spanischen Bourbonen allesamt, alte und junge, in der Grünen Galerie ein; ja, eine Hofdame hielt steif und behutsam einen prinzlichen Säugling, der offenbar auch auf das Gemälde sollte. Die Herrschaften saßen und standen in der strahlenden Sonne des großfenstrigen Saales. Die beiden jüngsten Infanten, die zwölfjährige Isabel und der sechsjährige Francisco de Paula, jagten sich herum. Alle trugen sie Gala, das wirkte seltsam in der Helle des Vormittags. Die Wände entlang drückte sich viel Gefolge. Es war Lärm und gleichzeitig Verlegenheit. Eine Veranstaltung wie diese war im Zeremonienbuch nicht vorgesehen.

Doña Maria Luisa nahm die Sache in die Hand. „Da haben Sie uns, Don Francisco", sagte sie, „und nun machen Sie aus uns was Schönes."

Goya ging zu Werk. In die Mitte stellte er zwischen ihre beiden Jüngsten, die Zwölfjährige und den Sechsjährigen, die Königin; zu ihrer Linken, sehr im Vordergrund, pflanzte er den massigen Don Carlos hin. Diese Gruppe ergab sich von selbst. Auch die zweite Gruppe zu bilden war einfach. Da war die unauffällig hübsche Infantin Maria Luisa mit ihrem Säugling, den die Hofdame tief knicksend überreicht hatte, und zu ihrer Rechten ihr Mann, der Erbprinz von Parma, ein langer Herr, seinen Platz gut füllend. Die Verbindung zwischen dieser Gruppe und der Mitte stellte friedlich der alte Infant Don Antonio Pascual her, des Königs Bruder, der ihm lächerlich ähnlich sah, die drei noch übrigen Bourbonen füllten gut die vom Beschauer linke Seite des Bildes: der Thronfolger Don Fernando, ein sechzehnjähriger Junge mit nichtssagendem, leidlich hübschem Gesicht, sein jüngerer Bruder Don Carlos und ihre Tante, des Königs älteste

Schwester, die unsäglich häßliche Doña Maria Josefa. Das war eine kindlich einfache Komposition, und Goya sah voraus, man werde sie unbeholfen schelten; doch war sie gerade so für seine Zwecke die rechte.

Aber: „Halt, halt!" befahl der König. „Da sind noch zwei Infantinnen, die nicht da sind", und er erläuterte dem erstaunten Goya: „Meine Älteste, die regierende Prinzessin von Portugal, und die Napolitanerin, die künftige Gemahlin meines Erbprinzen." – „Befehlen Eure Majestät", fragte Goya, „daß ich diese Königlichen Hoheiten nach Bildern male oder nach Beschreibungen?" – „Machen Sie das, wie Sie wollen", sagte der König. „Das Wichtigste ist: drauf müssen sie."

Nun aber meldete sich Don Fernando, der Prinz von Asturien, der Kronprinz. „Ich weiß nicht", erklärte er böse mit seiner rauhen, mutierenden Stimme, „ob es angebracht ist, daß ich in der Ecke stehe. Schließlich bin ich der Prinz von Asturien. Warum soll der Kleine" – und er wies auf den Sechsjährigen – „in der Mitte stehen und ich in der Ecke?" Goya, geduldig, sich entschuldigend, mehr zum König gewandt als zu dem Prinzen, antwortete: „Ich dachte, es sei künstlerisch wünschenswert, daß zwischen Ihrer Majestät und Seiner Majestät kein großer Infant steht, sondern ein kleiner, damit die Gestalt Seiner Majestät voll zur Geltung kommt." – „Ich sehe nicht ein", grollte Don Fernando, „warum meine Würde nicht gewahrt werden kann." Der König erklärte: „Weil du so lang bist", und Maria Luisa befahl: „Sie schweigen, Don Fernando." Goya trat ein wenig zurück und betrachtete die in loser Reihe stehenden Bourbonen. „Dürfte ich die Majestäten und Königlichen Hoheiten bitten", sagte er nach einer Weile, „sich in einen andern Saal zu begeben? Ich brauche Licht von links", erläuterte er, „sehr viel Licht, das von links oben nach rechts hinunter fällt." Maria Luisa begriff sofort. „Gehen wir in den ‚Saal der Ariadne' ", schlug sie vor. „Dort, glaube ich, finden Sie, was Sie brauchen, Don Francisco."

Mit Lärm und Getrampel machte sich die glänzende Schar auf und zog durch das Schloß, der massige König und die geputzte Königin voran, die häßlichen alten Infanten und die netten jungen dahinter, den Beschluß bildeten die Herren und Damen des Gefolges. So zogen sie durch Säle und Korridore in den „Saal der Ariadne". Dort ließ sich ohne weiteres das Licht tönen, von links aus der Höhe kam schräg die Lichtbahn, wie Goya sie brauchte, und an den Wänden die riesigen Gemälde, mythologische Szenen darstellend, verschwanden im Dämmer.

Da standen der König, die Königin und die Prinzen, und vor ihnen Goya. Er beschaute sie, seine Augen nahmen sie auf, rissen sie an sich, in sich, mit ungezügelter Gier. Er schaute kritisch, scharf, genau, er starrte lange, Schweigen war im Saal, und das Gefolge fand, was da geschah, daß nämlich ein Untertan seinen König und dessen Familie so anstarrte, sei unziemlich, frech, aufrührerisch, und es dürfe nicht sein. Überdies hatte Goya – er hätte selber nicht sagen können, warum – diesmal gegen den Brauch und gegen seine eigene Gewohnheit seinen Arbeitskittel an.

Und nun sagte er gar: „Ich hätte noch zwei Bitten. Wenn seine Königliche Hoheit der kleine Infant ein leuchtendes Rot tragen könnte, würde es Ihre Majestäten sowohl wie Seine Königliche Hoheit selber besser zur Geltung bringen. Sodann wäre es im Interesse des Bildes, wenn Seine Königliche Hoheit der Herr Kronprinz nicht Rot trügen, sondern ein helles Blau." – „Dieses Rot ist das gleiche wie das meiner Generalsuniform", begehrte Don Fernando auf, „es ist meine Lieblingsfarbe." – „Du trägst Blau", sagte trocken die Königin. Don Carlos meinte versöhnlich: „Dafür kannst du, wenn Don Francisco nichts dagegen hat, mehr Orden und Bänder tragen, auch das Goldene Vlies." – „Seine Königliche Hoheit der Herr Kronprinz", sagte beschwichtigend Francisco, „werden ganz im Lichte stehen. Orden und Bänder werden an ihm besonders glänzend leuchten."

In schneller Arbeit riß er die Skizze aufs Brett. Dann erklärte er, die einzelnen Herrschaften allein oder in kleinen Gruppen werde er noch um ein paar Sitzungen bitten müssen. Sie alle zusammen brauchte er nur mehr ein einziges Mal, für eine letzte, große Farbenskizze. „Genehmigt", sagte der König.

Auch in dieser Nacht schlief Goya nicht gut. Nein, er wird keine vertrackte Anekdote malen wie van Loo, und niemand soll sagen dürfen, was dem Velázquez erlaubt sei, sei dem Goya nicht erlaubt. Velázquez ist groß und tot, dachte er, beinahe triumphierend, und es ist eine andere Zeit, und ich bin nicht klein, und ich bin lebendig. Und in der Dunkelheit, mit innerm Jubel, sah er deutlich, was er malen wollte, die widerstrebenden Farben, die er zwingen wird, eins zu sein, den ganzen schillernden, glitzernden Einklang, und inmitten des phantastischen Gefunkels hart, nackt und klar die Gesichter.

Noch bevor er an die Einzelskizzen ging, wurde er zum Intendanten des Königs gerufen, dem Kämmerer Marqués de Ariza. Dieser empfing ihn in Gegenwart des Schatzmeisters Don Rodrigo Soler. „Ich habe dem Herrn Hofmaler einige Eröffnungen zu machen", erklärte der Marqués; er sprach höflich, doch vor sich hin ins Leere, ohne Francisco anzuschauen. „Wiewohl man füglich Ihre Hoheit Doña Maria Antonia, Kronprinzessin von Neapel, als die Verlobte Seiner Königlichen Hoheit des Kronprinzen Don Fernando betrachten darf, sind die Verhandlungen zwischen den hohen vertragschließenden Parteien nicht völlig abgeschlossen, so daß Änderungen noch im Bereich des Möglichen liegen. Es dürfte sich daher empfehlen, daß der Herr Hofmaler der hohen Verlobten etwas unbestimmte, gewissermaßen anonyme Gesichtszüge gibt, so daß im Fall anderer Dispositionen die vom Herrn Hofmaler dargestellte Figur eine andere hohe Frau verkörpern könnte. Bin ich von dem Herrn Hofmaler verstanden?" – „Ja, Exzellenz", erwiderte Goya. „Man hat weiterhin darauf aufmerksam gemacht", fuhr der Marqués de Ariza fort, „daß die Zahl der darzustellenden fürstlichen Persönlichkeiten, wenn der zukünftige Erbprinz von Parma, ich meine den Säugling, sowie die hohen abwesenden Infantinnen mit eingerechnet werden, dreizehn beträgt. Nun sind natürlich die dazustellenden hohen Persönlichkeiten erhaben über jeden Aberglauben, nicht aber alle potentiellen Beschauer. Infolgedessen hat man den Vorschlag gemacht, es könnte sich der Herr Hofmaler, wie dies auf früheren Gemälden ähnlicher Art geschehen ist, selber auf dem Bilde anbringen, natürlich in unaufdringlicher Weise. Bin ich von dem Herrn Hofmaler verstanden?" Goya, trocken, antwortete: „Ich denke, ja, Exzellenz. Man hat angeordnet, ich soll mit auf das Bild, im Schatten malend." – „Man dankt dem Herrn Hofmaler", erwiderte der Marqués, „der Herr Hofmaler hat verstanden."

In Goya arbeitete es. Er dachte daran, wie sich Velázquez dargestellt hatte auf seinem Bild der „Königlichen Familie", groß, selbstverständlich, ohne Anmaßung, keineswegs im Schatten, und dann hatte König Philipp mit eigener Hand dem gemalten Velázquez das Santiago-Kreuz auf die Brust gemalt. Er selber, Francisco, wird sich in den Schatten malen, aber er wird auch dann sehr sichtbar bleiben, und auch sein König wird ihn belohnen, mit weniger Charme vielleicht als Don Felipe den Velázquez, aber zum Ersten Maler wird er ihn ernennen, endlich; nachdem er ihm diesen großen, schweren Auftrag gegeben hat, ist dies kein Zweifel.

„Es bliebe noch die Frage des Honorars zu erledigen", sagte höflich Don Rodrigo Soler, der Schatzmeister, und sogleich überkam Francisco seine ganze bäuerliche Rechenhaftigkeit, und er beschloß, sehr gut zu hören. Manchmal nämlich bot man in ähnlichen Fällen ein niedriges Honorar, annehmend, der Maler werde sich durch die Ehre des Auftrags entschädigt fühlen. „Ich dachte ursprünglich", erklärte behutsam Francisco, „die vorbereitende Arbeit könnte sich auf flüchtige Herstellung von Skizzen der einzelnen hohen Persönlichkeiten beschränken; es hat sich aber ergeben, daß ich auch die Einzelporträts bis ins kleinste werde ausführen müssen. Es werden etwa vier kleinere Porträtgruppen werden und zehn Einzelporträts."

Der Marqués de Ariza stand stumm da, voll hochmütiger Abwehr. „Es wurde beschlossen", sagte der Schatzmeister Soler, „Ihrer Honorierung nicht die aufgewandte Zeit zugrunde zu legen. Vielmehr wird Ihr Gemälde gemäß der Zahl der hohen darzustellenden Persönlichkeiten honoriert werden. Wir werden Ihnen für die Köpfe der Majestäten und Hochdero Kinder je zweitausend Realen bezahlen, für die Köpfe der andern Mitglieder der Königlichen Familie je tausend." Goya überlegte, ob wohl auch die Köpfe der abwesenden Infantinnen, der des Säuglings und sein eigener honoriert werden würden; allein er fragte nicht.

Im stillen lächelte er. Schlecht war die Honorierung keinesfalls. Er pflegte seine Preise zu erhöhen, wenn der Besteller die Hände mitgemalt haben wollte. Diesmal war von Händen nicht die Rede gewesen, und es war von vornherein in seinem Plan gelegen, nur ganz wenige Hände mitzumalen, höchstens vier bis sechs. Nein, die Honorierung war nicht unanständig, selbst wenn man nur zehn Köpfe honorieren sollte.

Noch am gleichen Tage, in dem provisorischen Atelier, das man ihm im „Saale der Ariadne" einrichtete, begann er zu arbeiten.

Hier konnte er jedes einzelne Modell in genau das Licht stellen, in welchem es in dem Familienbild stehen wird, und er führte die Skizzen aus bis ins letzte Detail. Er malte Don Luis, den Erbprinzen von Parma, würdig, jung, leidlich hübsch, ein wenig dümmlich. Er malte die freundliche, nette, unansehnliche Infantin Maria Luisa mit ihrem Säugling. Er malte die alte Infantin Doña Maria Josefa. Wiewohl entschlossen, ihr Gesicht nur hervorlugen zu lassen zwischen den Vollfiguren des Kronprinzen und seiner anonymen hohen Braut, verwandte er auf die Skizze zwei volle Vormittage; die abschreckende Häßlichkeit der alten Infantin faszinierte ihn.

Ein überaus williges Modell war der König selber. Er hielt sich sehr aufrecht und drückte Brust und Bauch heraus. Darauf schimmerte das weißblaue Band des Carlos-Ordens, strahlte das rote Band des Christus-Ordens von Portugal, flimmerte das Goldene Vlies; matt leuchtete über dem kastanienbraunen Samt des Rockes der graue Besatz, blitzte der Griff des Degens. Der Träger all dieser Pracht aber stand da, stramm, beharrlich, bedeutend, stolz darauf, wie gut er trotz seiner Gicht das lange Stehen aushielt.

War es dem König eine Lust, so dazustehen und zu posieren, so machten ihm die Pausen keine kleinere Freude. Dann legte er wohl den Degen ab, zuweilen auch den gewaltigen Samtrock mit all den Orden und Bändern, rekelte sich im Sessel, verglich liebevoll seine Uhren und unterhielt sich über Jagd, Landwirtschaft, Kinder und Fragen des Alltags. (...)

Und dann war Goya ein letztes Mal im „Saal der Ariadne", lief auf und ab vor seinem vollendeten Werk, wartete.

Die Türen öffneten sich, die Majestäten und Königlichen Hoheiten traten ein. Sie hatten einen Spaziergang in den Gärten gemacht, sie waren einfach gekleidet, mit nur ganz wenig Orden, und in ihrer Begleitung war, auch er sehr schlicht, der Príncipe de la Paz. Ziemlich viel Gefolge, darunter Miguel, kam mit ihnen. Don Carlos, im Eintreten, kramte unter seinem Rock und seiner Weste zwei Uhren hervor, verglich sie und erklärte: „10 Uhr 22. 14. Juni, 10 Uhr 22. Sie haben das Bild rechtzeitig abgeliefert, Don Francisco."

Da standen sie, die Bourbonen, nicht geordnet wie auf dem Bilde, sondern wahllos durcheinander, und sie schauten sich, die Bourbonen im Fleische, die gemalten an, ein jeder sich selber und ein jeder alle. Und hinter ihnen, in der Wirklichkeit und auf dem Bilde im Schatten, stand der Maler, der sie so geordnet und so gemalt hatte.

Es glitzerte und funkelte von der Leinwand, höchst königlich, und sie standen auf der Leinwand, lebensgroß, mehr als lebensgroß, lebenswahr, mehr als lebenswahr, unverkennbar für jeden, der sie einmal auch nur flüchtig gesehen hatte.

Sie schauten und schwiegen, etwas verwirrt: es war ein so großes

Bild, noch nie waren sie auf soviel Leinwand gemalt worden und noch nie der einzelne umgeben von soviel anderer Fürstlichkeit.

Don Carlos stand massig in der Mitte, auf dem Bilde und im Saal. Das Ganze gefiel ihm, er selber gefiel sich. Wie wunderbar ist sein kastanienbrauner Staatsrock gemalt, man sieht, daß er aus Samt ist, und wie genau der Griff des Degens und jeder Ordensstern und jedes Ordensband, und er selber wirkt bedeutend, er steht fest da, unerschütterlich, man erkennt, wieviel Kraft und Schmalz in seinen Knochen ist, trotz seiner Jahre und trotz seiner Gicht. Wie ein Fels, denkt er, Yo el Rey de las Españas y de Francia, denkt er. Ein sehr bedeutendes Bild. Schon schickt er sich an, Goya etwas Freundlich-Scherzhaftes zu sagen, aber er wartet doch lieber erst eine Äußerung seiner Doña Maria Luisa ab.

Sie, die alternde, häßliche, ungeschminkte Maria Luisa, steht zwischen ihrem Mann, ihrem Freund und ihren Kindern, und ihre schnellen, scharfen Augen mustern die alternde, häßliche, geschmückte Maria Luisa des Bildes. Vieles an dieser gemalten Frau mag vielen nicht gefallen: ihr gefällt es, sie sagt ja zu dieser Frau. Die Frau hat ein häßliches Gesicht, aber es ist einmalig, es zwingt einen hinzuschauen, es bleibt einem im Gedächtnis. Ja, so ist sie, Maria Luisa von Bourbon, Prinzessin von Parma, Königin aller spanischen Reiche, Königin beider Indien, Tochter eines Großherzogs, Gemahlin eines Königs, Mutter künftiger Könige und Königinnen, gewillt und fähig, dem Leben abzugewinnen, was sich ihm abgewinnen läßt, ohne Furcht und ohne Reue, bis man sie hinaustragen wird in den Escorial und hinunter in das Panteón de los Reyes. Wenn sie heute sterben müßte, dürfte sie sich sagen, sie habe aus ihrem Leben gemacht, was sie daraus machen wollte. Und um sie stehen ihre Kinder. Mit Wohlgefallen sieht sie auf den netten, kleinen Infanten, den die gemalte Königin an der Hand hält, und auf die hübsche, kleine Infantin, der sie den Arm um die Schulter legt. Sie hat die Kinder, die sie sich wünscht, lebendige, sehr lebensfähige Kinder, nicht nur von dem dicken, dummen Mann, den sie brauchte, damit ihr und den Kindern der zukommende Rang für immer gewährleistet sei, sondern auch von jenem, den sie mehr als jeden andern begehrt hat, und wenn nicht die ganze Welt zusammenstürzt, dann werden auch diese Kinder einmal auf Thronen Europas sitzen. Ja, es sind schöne, gesunde, gescheite Kinder, ihr Freund hat ihnen seine Wohlgestalt, sie ihnen den eigenen Verstand vererbt. Es ist ein gutes, wahres Bild, nicht süßlich, nicht geschmeichelt, sondern hart und stolz. Und es ist nur schade, daß nicht auch ihr Manuel mit auf dem Bild ist.

Das Schweigen dauerte lange. Goya begann unruhig zu werden. Grimmig schaute er hinüber zu Miguel. Sollte der Unheil herunterbeschworen haben mit seiner grämlichen, sauertöpfischen Voraussagung? Auch Josefa hat Bedenken gehabt. Sollten wirklich die Majestäten finden, er habe sie zu unfreundlich gemalt? Dabei hat er keinen unehrerbietigen Gedanken gedacht, er hat sogar immer etwas wie Achtung gehabt für diesen wohlwollenden König und Sympathie für diese lebenslustige Frau, die eine Königin ist und gleichzeitig eine Maja. Er hat die Wahrheit gemalt. So hat er's bisher immer gehalten, und sie hat allen gefallen, seine Wahrheit, den Majos und den Granden und sogar der Inquisition. Und er hat damit gerechnet, auf dieses Bild hin Erster Maler des Königs zu werden, und soll das auch dieses Mal wieder in die Binsen gehen? Warum machen sie nicht endlich den Mund auf, der Dummkopf und die Hure?

Aber da tat Doña Maria Luisa den Mund auf. „Das haben Sie gut gemacht, Don Francisco“, sagte sie. „Das ist ein treues, wahres Bild, geeignet, der Nachwelt zu zeigen, wie wir Bourbonen sind.“ Und sogleich fiel lärmend Don Carlos ein: „Ein ausgezeichnetes Bild. Ein Familienbild, genau wie Wir es gewünscht haben. Wie groß ist es übrigens, wie hoch und wie breit?“ Goya gab Auskunft: „2,80 Meter hoch und 3,36 cm breit.“ – „Ein in jeder Hinsicht großes Bild“, erklärte befriedigt Don Carlos, und schelmisch, als wäre Don Francisco einer seiner zwölf Ersten Granden, sagte er: „Cubrios, bedecken Sie sich, Goya.“

Alle jetzt gratulierten Francisco überschwenglich. Don Miguel drückte ihm stark die Hand, das Gesicht ungewöhnlich bewegt. Er hatte angstvoll darauf gewartet, was der König äußern werde. Er freute sich herzlich, daß dem Freunde die bedenkliche Sache so gut hinausgegangen war, und fand sich überdies selber bestätigt: es war nicht verwunderlich, daß dem barbarischen König das barbarische Werk zusagte.

Der Príncipe de la Paz mittlerweile flüsterte dem König ins Ohr. Der erwiderte laut: „Eine leise Andeutung können wir ja machen.“ Und schallend, mit breitem, scherzhaftem Lächeln, wandte er sich an Goya: „In ein paar Tagen, mein Lieber, werden sie eine angenehme Überraschung erleben.“ Manuel aber bekräftigte: „Ja, Francho, jetzt haben wir es geschafft.“

Lion Feuchtwanger:
„Goya oder Der arge Weg der Erkenntnis“

Der französische Lyriker und Kunsthistoriker Charles Baudelaire (1821–1878), selbst ein außergewöhnlich visionärer Mensch, bewunderte an Goya vor allem die Intensität der bildnerischen Vorstellungskraft, die auch auf andere französische Künstler des 19. Jahrhunderts eine große Wirkung hatte.

In Spanien hat ein merkwürdiger Mann dem Komischen neue Horizonte eröffnet.

Da hier von Goya die Rede sein wird, so muß ich meine Leser zuvörderst auf den ausgezeichneten Artikel verweisen, den Théophile Gautier in „Le Cabinet de l'Amateur" über ihn geschrieben hat und der seither in einem Bande seiner gesammelten Aufsätze wieder abgedruckt wurde. Théophile Gautier ist wie geschaffen, solche Naturen zu verstehen. – Übrigens enthält der Artikel auch alles Nötige hinsichtlich der Verfahrensweisen, deren Goya sich bedient: Aquatinta und Radierung vereint, mit Kaltnadelretouchen. Ich möchte hier nur einige Worte hinzufügen über das ungemein seltene Element, das Goya mit dem Komischen verquickt hat: ich meine das Phantastische. Goya ist eben durchaus nichts Besonderes, nichts Sonderbares, weder absolute Komik noch rein signifikante Komik, nach der Art der Franzosen. Freilich taucht er oft in die grimmige Komik, und nicht selten erhebt er sich bis zur absoluten Komik; doch der allgemeine Anblick, den ihm die Dinge bieten, hat vor allem etwas Phantastisches, oder das Auge, mit dem er die Dinge sieht, übersetzt natürlicherweise alles ins Phantastische. „Los Caprichos" sind ein wunderbares Werk, nicht nur wegen der Originalität der Erfindungen, sondern auch durch die Ausführung. Ich stelle mir einen Betrachter der „Caprichos" vor, einen Neugierigen, einen Amateur, ohne jede Kenntnis der geschichtlichen Ereignisse, auf die mehrere dieser Blätter anspielen, einen einfachen Künstlergeist, der weder weiß, wer Godoï ist, noch König Carlos oder die Königin; dennoch werden diese Blätter am Grunde seines Gehirns eine lebhafte Erschütterung auslösen, die bewirkt wird von der originalen Manier, der Fülle und der Sicherheit der künstlerischen Mittel, und auch von dieser Atmosphäre des Phantastischen, die alles einhüllt. Übrigens liegt in den Werken, die aus tiefen Individualitäten hervorgegangen sind, ein gewisses Etwas, das jenen periodisch oder chronisch auftretenden Träumen gleicht, die uns in unserm Schlaf heimsuchen. Das kennzeichnet den wahren Künstler, den überdauernden, fort und fort lebendigen, selbst in diesen flüchtigen, von dem Ereignis gleichsam mitgetragenen Werken, die man *Karikaturen* nennt; das, sage ich, unterscheidet die historischen von den künstlerischen Karikaturisten, die vergängliche von der ewigen Komik.

Goya ist immer ein gewaltiger, oft ein erschreckender Künstler. Mit der Fröhlichkeit, der Jovialität, der spanischen Satire aus der guten Zeit des Cervantes vereinigt er einen sehr viel moderneren Geist – oder zumindest einen, um den man sich in modernen Zeiten sehr viel eifriger bemüht hat –, die Liebe zum Ungreifbaren, das Gefühl für starke Kontraste, für die Greuel und Scheuel der Natur, die Menschengesichter, wenn dieser

Charles Baudelaire

oder jener Anlaß sie seltsam vertiert. Es ist sehr merkwürdig festzustellen, daß dieser Geist, der nach der großen satirischen und alles umstürzenden Bewegung des achtzehnten Jahrhunderts kommt und dem Voltaire, freilich nur der Tendenz wegen (denn was das übrige anbelangt, so verstand der arme große Mann so gut wie nichts davon), Dank gewußt hätte für all diese Karikaturen auf die Möncherei – gähnende Mönche, verfressene Mönche, mörderische Dickschädel, die sich zur Matutin rüsten, verschlagene, heuchlerische, listige und böse Köpfe wie Raubvogelprofile; – es ist merkwürdig, sage ich, daß diesen Hasser der Mönche das Hexen- und Teufelswesen, der Hexensabbat, die Kinder, die am Spieß geröstet werden, und was sonst noch alles, so sehr beschäftigt haben, alle die Ausschweifungen des Traumes, alle die Ungeheuerlichkeiten der Halluzination, und dann all diese weißen, schlanken Spanierinnen, die von uralten Vetteln gewaschen und sei es für den Hexenritt, sei es für die abendliche Prostitution, diesen Hexensabbat der Zivilisation, zugerüstet werden! Licht und Finsternisse treiben ihr Spiel durch all diese grotesken Häßlichkeiten hindurch! Was für eine seltsame Jovialität! Ich erinnere mich vor allem zweier außerordentlicher Blätter: – das eine zeigt eine phantastische Landschaft, halb Wolken, halb Felsen. Ist es ein unbekannter, entlegener Winkel der Sierra? Ein Muster des Chaos? Dort, auf diesem abscheulichen Theater, findet in den Lüften eine erbitterte Schlacht zwischen zwei Hexen statt. Die eine hockt rittlings auf der anderen, die sie mit Hieben traktiert und bändigt. Diese beiden Monstren wälzen sich durch die düstere Luft. Alle Scheußlichkeit, alle moralische Verworfenheit, alle Laster, die der menschliche Geist nur ersinnen kann, stehen auf diesen beiden Gesichtern geschrieben, die, nach einer häufigen Gewohnheit und einem unerklärlichen Verfahren des Künstlers, halb Menschen- halb Tiergesichter sind.

Das andere Blatt stellt ein Wesen, einen Unglücklichen, eine einsame, verzweifelte Monade dar, die mit Gewalt aus ihrem Grab herauswill. Bösartige Dämonen, eine Unzahl niederträchtiger liliputanerhafter Gnome drücken mit vereinten Kräften auf die halbgelüftete Grabplatte. Diese wachsamen Hüter des Todes haben sich verbündet gegen die widerspenstige Seele, die sich in einem aussichtslosen Kampf abmattet. Dieser Alptraum schwankt im Grauen des Vagen und Unendlichen.

Am Ende seiner Laufbahn sollen Goyas Augen derart geschwächt gewesen sein, daß andere ihm seine Stifte zuschneiden mußten. Dennoch hat er, auch in dieser Epoche noch, sehr bedeutende große Lithographien geschaffen, unter anderem Stierkampfdarstellungen mit einem Gewimmel von Menschen, wunderbare Blätter. Riesige Gemälde im kleinen, – abermals ein Beweis für dieses seltsame Gesetz, das über dem Schicksal der großen Künstler waltet und wonach sie, während das Leben sich umgekehrt zu ihren Geisteskräften verhält, auf der einen Seite gewinnen, was sie auf der anderen verlieren, und dergestalt, immer mehr erstarkend, an Kühnheit, Frische und jugendlicher Erfindungsgabe zunehmen bis zum Rand des Grabes.

Im Vordergrund eines dieser Bilder, auf denen ein prächtig bewegtes Durcheinander herrscht, hat ein aufgebrachter Stier, einer von diesen Nachtragenden, die ihre Wut noch an den Toten auslassen, bei einem der Kämpfer die hintere Partie entblößt. Dieser, der nur verwundet ist, schleppt sich mühselig auf den Knien dahin. Das mächtige Tier hat das zerfetzte Hemd mit seinen Hörnern hochgehoben und die beiden Hinterbacken des Unglücklichen entblößt, und jetzt senkt er aufs neue seine bedrohliche Schnauze; doch diese Unziemlichkeit mitten im Gemetzel läßt die Zuschauer ungerührt.

Goyas großes Verdienst liegt darin, daß alle seine Monstrositäten uns wahrscheinlich vorkommen. Die Ungeheuer, die er erschafft, werden lebensfähig, sie werden harmonisch geboren. Niemand hat mehr gewagt als er in Richtung auf das mögliche Absurde. All diese Krümmungen und Windungen, diese bestialischen Gesichter, diese teuflischen Grimassen sind von Menschlichkeit durchdrungen. Selbst von dem besonderen Standpunkt der Naturgeschichte aus dürfte es schwerfallen, sie zu verurteilen, soviel Übereinstimmung und Harmonie herrscht zwischen allen Teilen ihres Wesens; mit einem Wort, die Nahtlinie, der Vereinigungspunkt zwischen dem Wirklichen und dem Phantastischen ist unmöglich ausfindig zu machen; es ist eine vage Grenzlinie, die nachzuziehen der findigste Prüfer außerstande sein dürfte, so sehr ist die Kunst hier zugleich transzendent und natürlich.

Charles Baudelaire:
„Briefe“

Goya als Radierer

Eine künstlerische Technik, die Goya besonders in seinem reifen Spätwerk zur Meisterschaft entwickelte, ist die Radierung. Sie bot ihm nicht nur die Möglichkeit, die Technik der Zeichnung durch verschiedene Ätzverfahren um zahlreiche Nuancen zu erweitern, sondern ließ auch durch die Reproduzierbarkeit bis zu 100 Abzüge und mehr von einer Druckplatte zu.

So konnte Goya Werk in einer Zeit, in der es keine anderen Medien als die der staatlichen Zensur unterworfenen Zeitungen gab, eine weitere Verbreitung finden, als wenn nur jeweils ein Exemplar der Zeichnung existiert hätte.

Goyas Radierungen

1771 erste Versuche. Religiöse Blätter im Stil Tiepolos.
1776 Radierungen nach Ölgemälden des Velázquez. Einzelne eigene Kompositionen.
1797/98 Los Caprichos (Launische Einfälle). 80 veröffentlichte und fünf zurückgezogene unveröffentlichte Platten.
1815/16 Tauromaquia (Die Kunst des Stierkampfes), 33 Platten, 10 Einzelplatten.
1810–20 Los Desastres de la Guerra (Die Schrecken des Krieges), 80 Platten und 3 Einzelplatten.
1815–24 Los Disparates (Die Ungereimtheiten). 22 veröffentlichte Platten.
1824–25 Los Toros de Bordeaux (Die Stiere von Bordeaux). 7 Platten.

Radierung

Man überzieht die Oberfläche einer Kupferplatte mit einer dünnen, säurebeständigen Firnisschicht, die man mit Farbe einschwärzt. Mit der spitzen Radiernadel wird in diese Schicht, die Ätzgrund heißt, hineingezeichnet. Der Ätzgrund läßt sich mit der Nadel so leicht bearbeiten wie Papier mit dem Bleistift. Die Nadel ritzt die Zeichnung in die Firnisschicht und legt dabei den Kupfergrund frei. Danach wird die Platte in ein Ätzwasser aus Salpetersäure getaucht. Die Säure dringt in die von der Nadel gezogenen Linien und greift den Kupfergrund an. Sie frißt sich hinein und überträgt so die Zeichnung auf die Kupferplatte. Je länger man die Platte im Säurebad läßt, desto tiefer werden die Linien im Kupfer. Man nimmt die Platte wieder aus dem Ätzwasser heraus und entfernt die Firnisschicht mit einem Lösungsmittel. Nun ist die Platte druckbereit. Sie wird mit Druckerschwärze eingefärbt, und dann werden ihre glatten Stellen poliert, bis sie völlig blank sind. Die Farbe bleibt dagegen in den geätzten Vertiefungen des Kupfers haften. Nun legt man das Papier, das bedruckt werden soll, angefeuchtet auf die Platte. Darüber kommt eine Filzplatte. Die Kupferplatte, das Papier und die Filzplatte werden auf dem Preßtisch zwischen zwei Walzen hindurchgerollt. Sie dürfen dabei nicht verrutschen. Die obere Walze preßt über den elastischen Filz das Papier so fest an, daß die Farbe sich aus den Furchen des Kupfers auf das feuchte Papier überträgt. Nun ist der Druckvorgang fertig. Für jeden neuen Abdruck muß man die Kupferplatte wieder einschwärzen und blank reiben.

Je tiefer eine Linie in der Kupferplatte ist, desto mehr Farbe bleibt in ihr haften und desto schwärzer erscheint die Zeichnung dann auf dem Papier. Man kann mit Hilfe von wiederholten Ätzvorgängen die Linien in einem Druck von hellsten bis zu dunkelsten Graden abstufen. Dazu muß man vor jedem neuen Säurebad, in das man die Kupferplatte legt, die Teile der Platte abdecken, die nicht mehr weiter verändert werden sollen. Das geschieht mit Asphalt oder einer wachsartigen Masse. Ebenso verfährt man bei der Aquatinta.

„‚Der Schlaf der Vernunft gebiert Ungeheuer'. Francisco de Goya. ‚Die Caprichos'"

In der Anzeige vom 6. Februar 1799 aus der Zeitung „Diario de Madrid", später auch in der „Gazeta de Madrid", mit der Goya auf seine „asuntos caprichosos" (eigenwillige Gedanken und Gegenstände) hinweist, lehnt Goya eine Orientierung an sichtbaren Vorbildern und einen direkten Gegenwartsbezug ab. Es ist anzunehmen, daß er sich, in einer Zeit, in der die Inquisition in Spanien das öffentliche Leben kontrollierte, gegen mögliche Konsequenzen absichern wollte.

DIARIO DE MADRID

DEL MIERCOLES 6 DE FEBRERO DE 1799.

Santa Dorotea Virgen. = Q. H. en la Iglesia de San Felipe Neri.

Observacio. meteorolog. de ayer.				*Afecciones astronomicas de hoy.*
Epocas.	*Termom.*	*Barometro.*	*Atmosfera.*	El 30 de la Luna. Sale el sol á las 7 y 59 m. de la m. y se pone á las 9 y un m. de la tarde.
7 de la m.	3 s. o.	25 p. $\frac{1}{4}8$ l.	O. y Nub.	
12 del d.	$3\frac{1}{2}$ s. o.	25 p. $8\frac{1}{4}$ l.	O. y Nub.	
5 de la t.	3 s. o.	25 p. $8\frac{1}{4}$ l.	O. y Nub.	

Coleccion de estampas de asuntos caprichosos, inventadas y grabadas al agua fuerte, por Don Francisco Goya. Persuadido el autor de que la censura de los errores y vicios humanos (aunque parece peculiar de la eloqüencia y la poesia) puede tambien ser objeto de la pintura: ha escogido como asuntos proporcionados para su obra, entre la multitud de extravagancias y desaciertos que son comunes en toda sociedad civil, y entre las preocupaciones y embustes vulgares, autorizados por la costumbre, la ignorancia ó el interés, aquellos que ha creido mas aptos á subministrar materia para el ridiculo, y exercitar al mismo tiempo la fantasia del artifice.

Como la mayor parte de los objetos que en esta obra se representan son ideales, no será temeridad creer que sus defectos hallarán, tal vez, mucha disculpa entre los inteligentes: considerando que el autor, ni ha seguido los exemplos de otro, ni ha podido copiar tan poco de la naturaleza. Y si el imitarla es tan dificil, como admirable quando se logra; no dexará de merecer alguna estimacion el que apartandose enteramente de ella, ha tenido que exponer á los ojos formas y actitudes que solo han existido hasta ahora en la mente humana, obscurecida y confusa por la falta de ilustracion ó acalorada con el desenfreno de las pasiones.

Seria suponer demasiada ignorancia en las bellas artes el advertir al público, que en ninguna de las composiciones que forman esta coleccion se ha propuesto el autor, para ridiculizar los defectos particulares á uno ú otro individuo: que seria en verdad, estrechar demasiado los limites al talento y equivocar los medios de que se valen las artes de imitacion para producir obras perfectas.

La pintura (como la poesia) escoge en lo universal lo que juzga mas á proposito para sus fines: reune en un solo personage fantastico, circunstancias y caracteres que la naturaleza presenta repartidos en muchos, y de esta convinacion, ingeniosamente dispuesta, resulta aquella feliz imitacion, por la qual adquiere un buen artifice el titulo de inventor y no de copiante servil.

Se vende en la calle del Desengaño n. 1 tienda de perfumes y licores, pagando por cada coleccion de á 80 estampas 320 rs. vn.

NOTICIAS PARTICULARES DE MADRID.

„Eine Sammlung von Drucken mit kapriziösen Motiven, erfunden und in Ätzkunst ausgeführt von Don Francisco Goya. Da der Autor der Überzeugung ist, daß die Kritik der menschlichen Verirrungen und Laster, obgleich sie der Rede- und Dichtkunst vorbehalten scheint, auch Gegenstand der Malerei sein kann, hat er als seinem Werk angemessene Themen aus der Vielfalt der Absonderlichkeiten und Torheiten, denen man in jeder Ansammlung gesellschaftlicher Wesen begegnet, sowie unter den gemeinen Geschäftigkeiten und Finten, wie sie durch Gewohnheit, Ignoranz und Eigennutz sanktioniert sind, jene ausgewählt, die er für besonders geeignet hielt, der Lächerlichkeit Nahrung zu liefern und gleichzeitig die Phantasie des Künstlers anzuregen.

Da der größte Teil der in diesem Werk inszenierten Dinge nur in der Vorstellung vorhanden ist, dürfte es nicht verwegen sein zu hoffen, daß ihre Mängel bei den Verständigen Entschuldigung finden werden, wenn man berücksichtigt, daß der Autor weder fremden Beispielen gefolgt ist, noch im geringsten die Natur kopieren konnte. Und ist die Nachahmung der Natur schon schwierig genug und bewundernswert, wenn sie gelingt, so wird man doch auch demjenigen eine gewisse Anerkennung nicht versagen können, der, sich gänzlich von ihr absondernd, Gestalten und Gebärden vorzuführen sich verpflichtete, die bisher lediglich im Geiste der Menschen existierten, welcher verdunkelt und verwirrt ist aus Mangel an Aufklärung oder überhitzt durch die Zügellosigkeit der Leidenschaften.

Man würde dem Publikum eine zu große Unwissenheit in Dingen der schönen Künste unterstellen, würde man es darauf hinweisen, daß der Autor bei keiner der Kompositionen dieser Sammlung die Absicht hatte, die besonderen Fehler dieses oder jenes Einzelwesens lächerlich zu machen: damit würde man wahrlich dem Talent allzu enge Grenzen ziehen und die Mittel verkennen, deren sich die nachahmenden Künste bedienen, um vollkommene Werke hervorzubringen.

Die Malerei (wie die Dichtkunst) wählt aus dem Allgemeinen das aus, was ihr am besten für ihre Zwecke geeignet erscheint: sie vereinigt in einer einzigen Phantasie-Figur Umstände und Eigenschaften, welche die Natur auf viele verteilt darbietet, und aus dieser ingeniösen Verbindung entspringt jene glückliche Nachahmung, durch die ein guter Künstler den Titel Erfinder und nicht den eines servilen Kopisten erwirbt.

Erhältlich in der Calle del Desengaño Nr. 1, im Parfüm- und Likörladen, zum Preis von 320 Realen pro Serie von 80 Drucken."

„Diario de Madrid"
(Übersetzung aus dem Spanischen: André Stoll)

„Der Schlaf der Vernunft gebiert Ungeheuer“

Die einzige datierte Radierung aus der Folge der Caprichos, das Blatt 43 von 1797, ist zugleich die berühmteste. Goya hatte sie wohl ursprünglich als Titelblatt vorgesehen, da eine Vorzeichnung den Zusatz trägt: „Sueno I“ („Erster Traum“). Eine sichere Quelle der Inspiration für die kritischen und voller Anspielungen steckenden Caprichos waren für Goya seine intellektuellen Freunde, die aufgeklärten Dichter Caspar Melchor de Jovellanos, Nicolas Fernandez de Moratin und Juan Melendez Valdes. Im selben Jahr, in dem Goya das Capricho Nr. 43 skizzierte, veröffentlichte Juan Melendez Valdes seine Elegias morales, unter anderem das Gedicht „An Jovino, den Melancholischen“, das scheinbar die Motive des melancholischen Wachtraumes mit all seinen beängstigenden Kreaturen, wie sie im Capricho 43 auftauchen, vorwegnimmt. Das Gedicht steht unmittelbar in Verbindung mit dem Portrait von Jovellanos (dem „Jovino“ der Widmung, vgl. S. 77), das Goya um diese Zeit malte und das den Staatsmann, Humanisten und Dichter in einer melancholischen, meditativen Stimmung (im Dunkel der Nacht?) zeigt. Daß Jovellanos, der genau zu dieser Zeit auf dem Gipfel seines Ruhmes angelangt war, trotzdem in einer so nachdenklichen Haltung gemalt wurde, offenbart seinen melancholischen Charakter. Das Gedicht beschreibt die Kombination von Genius und Melancholie, die bei bedeutenden Menschen oft vorkommt. Die Zeit, in der das Gedicht wie auch Goyas Caprichos entstanden, war voller düsterer Ahnungen; Auch diese Aussage schwingt in beiden Kunstwerken mit und vermittelt eine bedrückende Atmosphäre.

. . . Todo, todo
Se trocó a un infeliz: mi triste musa
No sabe ya sino lanzar suspiros,
Ni saben ya sino llorar mis ojos,
Ni más que padecer mi tierno pecho.
En él su hórrido trono alzó la oscura
Melancolía; y su mansión hicieran
Las penas veladoras, los gemidos,
La agonía, el pesar, la queja amarga,
Y cuanto monstruo en su delirio infausto
La azorada razón abortar puede.

An Jovino, den Melancholischen

. . . Alles, alles
Hat sich zum Schlechten gewandelt:
Meine traurige Muse
Weiß nur noch zu seufzen.
Meine Augen wissen nur noch zu weinen.
Mein empfindsames Herz kann nur noch leiden.
Dunkle Melancholie hat ihren Thron dort aufgerichtet,
Wo allgegenwärtiges Schluchzen, Ängste,
Leiden, Qual und bittere Klagen
Eingezogen sind, zusammen
Mit all den Ungeheuern, die,
In ihrem verfluchten Delirium,
Die verstörte Vernunft hervorbringen kann.

Juan Melendez Valdes
(Übersetzung: Frank M. von Berger)

„Yo lo vi! – Ich sah es!“

„El caballo raptor – Ausgelassene Torheit“

„Banderillas de fuego – Banderillas mit Feuerwerk“

„Ligereza y atrevimiento de Juanito Apinañi en la Plaza de Madrid“
(Leichtheit und Wagemut des Juanito Apinañi in der Plaza de Madrid)

Die Krankheit

Die rätselhafte Krankheit, unter der Goya im Jahr 1792 litt und die neben Lähmungen und Taubheit auch eine Verdunkelung seines Temperaments zur Folge hatte, wurde früher als Syphilis, Schlaganfall oder Schizophrenie interpretiert. Laboranalysen der von Goya verwendeten Malfarben machen inzwischen eine andere Ursache für die Krankheit Goyas wahrscheinlich.

„Esto es peor – Das ist schlimmer"

Goyas Leben sowohl wie auch sein künstlerisches Schaffen zerfallen in zwei große Perioden. Dazwischen steht eine schwere Erkrankung, die den 46jährigen taub werden läßt.

Aktenkundig ist, daß 1792 / 1793 Goya eine schwere Krankheit befällt. Die Urkunden jener Zeit sind ungenau und führen auf, daß Goya zeitweilig gelähmt gewesen sei, nicht reden und nicht sehen konnte. Er verliert schließlich vollkommen sein Gehör. Am 7. Februar 1794 notiert sein Freund, der Gelehrte Jovellanos, in seinem Tagebuch: „Ich habe Goya geschrieben, der mir geantwortet hat, daß infolge seines Schlaganfalles (Apoplexia) er nicht einmal mehr fähig wäre zu schreiben." Sein Schwager Francisco Bayeu vermerkt: „Die Art der Krankheit gehört zu dem Schrecklichsten, und ich denke mit Trauer an seine Wiederherstellung." Schließlich sei Goya selbst zitiert, der in einem Brief an Zapater am 23. April 1794 schreibt: „Ich bin am gleichen Punkt, was meine Gesundheit anbelangt. Manchmal bin ich so aufgeregt, daß ich mich kaum selbst ertragen kann, dann wieder ruhig wie jetzt, während ich hier schreibe. Aber schon bin ich ermüdet..."

Goyas Erkrankung

Alle Biographen Goyas nehmen einen Wandel bzw. eine Änderung oder zumindest eine Vertiefung im künstlerischen Schaffen mit der Erkrankung 1792 an. Eine analytische Betrachtung des Gesamtkunstwerkes läßt keine Deutung betreffs der Erkrankung zu. Das ist für die Ausdrucksmittel des Malers und des Musikers immer schwierig. Anders ist es bei einem literarisch produktiven Menschen, dessen Schreibweise viel subjektiv-persönlichkeitsgebundener ist, wie bereits Kretschmer in „Geniale Menschen" schon hinwies. Allerdings versah Goya viele Zeichnungen und Radierungen mit Unterschriften und Kommentaren, so daß eine psychoanalytische Deutung möglich scheint. Er schenkt seinen Träumen größere Aufmerksamkeit und hält sie für darstellungswert. Einige seiner Werke aus dieser zweiten Schaffensperiode gehen über das rein Individuelle hinaus und stoßen in den Bereich kollektiver Inhalte vor.

Die widersprüchlichsten Diagnosen wurden betreffs dieser Erkrankung im Laufe der letzten hundert Jahre gestellt. Pierre Gassier, der die Werke Goyas katalogisiert hat, schreibt betreffs der Erkrankung folgendes:

„Wenn schon normalerweise ärztliche Diagnosen falsch sein können, so ist es noch weit schwieriger, im Nachhinein die Diagnose zu stellen."

Schon während seiner Lebenszeit kursierten phantasievolle Geschichten: So soll sich Goya im Gebirge erkältet haben, als er der Herzogin von Alba sein Talent als Hofschmied beweisen wollte.

Wenn wir die überlieferten Tatsachen aus Goyas Leben zusammenfassen, so sehen wir, daß Goya vor der Erkrankung ein lebensfroher, extrovertierter und lebensgewandter Mensch war. Nach der Erkrankung, die ihn taub werden läßt, zieht er sich von den Menschen zurück. Mit der Erkrankung setzt ein totaler Wandel seines künstlerischen Schaffens ein. Deutlich wird das in einem Selbstbildnis, das als Capricho Nr. 1 der Radierfolge vorausgeht: Es begegnet uns ein feindseliger Blick, skeptisch betrachtet er den Beschauer von oben herab; die Augenlider bedecken weit die Augen. Der Mund – die Unterlippe vorgewölbt, die Mundwinkel herabgezogen – spricht volle Verbitterung aus.

Schizophrenie

Französische und spanische Ärzte haben sich Anfang unseres Jahrhunderts mit diesem „seltsamen Fall" beschäftigt und das Vorliegen einer Schizophrenie („Wahnsinn") angenommen. Sie glaubten, aus der Art der Darstellungen diese Diagnose stellen zu können. Gerade Stilelemente jedoch, die der Schizophrenie verdächtig werden, konnte bereits W. Winkler in „Psychologie der Modernen Kunst" (1949) als charakteristisches Merkmal des „schizothymen Charakters des modernen Antinaturalismus" analysieren. Symptome wie Autismus und Introversion, die wir beim modernen Künstler und auch bei Goya finden, sind sicherlich einer anderen Genese zuzuordnen. Bei Goya sind sie als Reaktion auf die Ertaubung aufzufassen (s. u.).

Gegen diese Hypothese der Schizophrenie spricht, daß Goya schließlich erst 35 Jahre später, im Alter von 82 Jahren, 1 Monat nach einem Schlaganfall sterben wird, ohne zu irgendeinem Zeitpunkt seines Lebens das geringste Anzeichen gegeben zu haben, das die Vermutung eines intellektuellen Verfalles erlauben könnte. Eine Schizophrenie als Ursache der Persönlichkeitsveränderung ist bei dem hohen künstlerischen Niveau und der außergewöhnlichen Schaffenskraft bis ins hohe Alter hinein auszuschließen. So entdeckte Goya 1819, also im Alter von 73 Jahren, ein neues Ausdrucksmittel: die Lithographie. Diese neue Druckgraphik wußte er zu einer einmaligen Vollendung zu bringen.

Manisch-depressives Irresein

Auch ein manisch-depressives Irresein wurde angenommen. Für eine Zyklothymie fehlen jedoch Beweise. Die akute Erkrankung mit neurologischen Ausfällen bzw. der nachfolgenden Taubheit erklärt sich jedenfalls nicht durch eine Erkrankung aus dem psychiatrischen Formenkreis. Als Beweis wurden immer wieder Äußerungen in Briefen Goyas von Stimmungsschwankungen aufgeführt. So spricht Goya 1781 in einem Brief an Zapater von „niedergedrückter Stimmung", und 1789 heißt es in einem Brief „ohne Kraft und arbeite wenig". Diese Berichte sind jedoch sehr vieldeutig. Wissen wir doch von vielen Künstlern von starken Schwankungen in ihrem künstlerischen Schaffen, ohne daß eine „Depression" vorliegt. Jedenfalls fehlen eindeutige Symptome für eine „endogene Depression" oder eine „Manie".

Psychische Reaktionen eines Schwerhörigen

Allerdings war sicherlich eine depressive Verstimmung, evtl. bis zu paranoiden Zuständen, aufgrund der aufgetretenen Taubheit zu registrieren. Für einen so lebensgewandten, genußfreudigen und ehrgeizigen Menschen wie Goya verursachte die Ertaubung eine besonders schwere seelische Erschütterung. So konnte der Autor 1951 in seiner Dissertation „Stilwandel Goyas bei psychiatrischer Betrachtung" typische Reaktion von Schwerhörigen in den Bildern Goyas nachweisen. Goya war der Bereich der akustischen Welt verschlossen. Alles erscheint nunmehr verstärkt ins Visuelle verlegt. So entstehen durch die starke Introversion die von ihm selbst so genannten „Visionen". Er beachtet seine Träume aufmerksamer.

Viele Zeichnungen und Radierungen sind als Sueños (Träume) von ihm selbst so bezeichnet worden. Oder aber es sind Bilder aus dem Unterbewußten, von denen er durch die abnorm gesteigerte Introversion überschwemmt wird. Die Verstärkung des Visuellen bei Einschränkung des Hörvermögens ist hinlänglich bekannt. Als Beispiel möge eine 1797 datierte Zeichnung dienen, die primär als das Titelblatt der Radierfolge „Caprichos" gedacht war „Idioma universale" („Weltsprache"). Goya selbst: „Die Einbildungskraft, ohne die Vernunft, gebiert unmögliche Ungeheuer."

Frühluische Meningitis (Hirnhautentzündung)

Bereits vor einigen Jahrzehnten hatten französische und spanische Ärzte eine luetische bzw. metaluetische Erkrankung angenommen. Gegen letzteres spricht allerdings, daß Goya erst nach der Erkrankung die Höhe seines künstlerischen Schaffens erreichte und noch 36 Jahre nach der Erkrankung

„Y aun no se van! – Und noch immer gehen sie nicht!“

geistig und körperlich gesund (bis auf die Taubheit) arbeiten konnte.

Eine frühluische Meningitis des Sekundärstadiums, die Hirnbasis betreffend, wird in neuester Zeit als Erkrankungsmöglichkeit verfochten.

Zu Beginn einer meningitischen Lues im Sekundärstadium gehört ein psycho-organisches Syndrom mit deliranten Zügen und Trugwahrnehmungen. So verweist Bräutigam auf „klassische Symptome", die bei Goya vorgelegen haben könnten: Wie akuter Beginn mit einer meningialen Symptomatik, schwerem Krankheitsgefühl, Kopfschmerzen, Übelkeit und bei der basalen Form Reiz- und Lähmungserscheinungen der Hirnnerven. Der Nervus acusticus soll bei dieser Erkrankung in 43 Prozent der Fälle betroffen sein. Bräutigam stellt zur Diskussion, ob nicht Reste von Hirnnervenausfällen wie des rechten N. facialis und des N. oculomotorius bei Selbstbildnissen erkennbar seien. Das rechte Auge imponiert etwas größer und die rechte Pupille etwas weiter. Die Blickrichtung ist etwas nach außen gerichtet. Auch bei dem Bildnis von Vincente López zeigt der 80jährige Goya eine Liddifferenz. Die Prognose bei der frühluischen Meningitis soll günstig sein (Bostroem). Die Befallenen erkranken so gut wie nie an einer Tabes oder Paralyse. Bekannt ist, daß zu jener Zeit die Lues häufig war.

Vogt-Koyanagi-Syndrom*

Eine entzündliche Genese der neurologischen Erkrankung wird diskutiert. T. Cawthorne nimmt als Ursache der neurologischen Ausfälle bei Goya ein Vogt-Koyanagi-Syndrom an, das in einer Uveitis (Entzündung der Aderhaut, des Ziliarkörpers des Auges und der Regenbogenhaut) besteht und mit Störungen an der Haut, den Haaren und am Innenohr einhergeht. Gottron führt bei dem „syndroma uveo-oto-cutaneo-encephaliticum" weiterhin folgende Symptome auf: Weiße Verfärbung der Kopfhaare und der Haut sowie vereinzelt meningitische Syndrome. Die Erkrankung soll virusbedingt sein. Cawthorne glaubt, daß die Gestalten der späteren Bilder des Meisters in mancher Hinsicht an das Aussehen solcher Kranker mit vorzeitiger Alopezie und dem Verlust der Augenwimpern erinnern.

Die Annahme einer solchen Erkankung ist sehr hypothetisch und kann durch nichts bewiesen werden. Ein Nachweis entzündlicher Liquorveränderungen zum exakten Beweis der Erkrankung fehlt natürlich. Bei den zahlreichen Selbstporträts des Meisters finden sich keine Anzeichen dieser genannten Symptome.

Bleifarben als Auslöser einer neurologischen Erkrankung

William Niederland berichtet (1972) im „New York State Journal of Medicine", daß der hohe Bleigehalt von Goyas Farben und seine außergewöhnliche Maltechnik dem Künstler zum Verhängnis geworden seien. Goya soll in seinen Bildern große Mengen weißer Farbe, die aus Bleikarbonat hergestellt war, verwendet

* Der Name stammt von den Erstbeschreibern, dem Schweizer Vogt und dem Japaner Koyanagi.

„El animoso moro Gazul es el primero que lanceó toro en regla"
(Der tapfere Mohr Gazul ist der erste, der nach den Regeln mit dem Stier kämpft)

haben. Durch eine schnelle Malweise, so vollendete er ein Porträt oft an einem einzigen Nachmittag, war er Bleidämpfen in besonderem Maße ausgesetzt. Die Farben soll Goya in riesigen Mengen aus der Tube gedrückt haben und sie dann mit den verschiedensten Gegenständen, evtl. sogar mit dem Daumen, aufgetragen haben.

Niederland führt folgende Symptome bei Goya als Folgen der Bleiintoxikation auf: Paralyse (Lähmung) der rechten Körperhälfte, Schwindelanfälle, Seh- und Hörschwierigkeiten, geistige Verwirrung, Halluzinationen und Perioden von Koma.

Die vorliegenden Berichte über starke psychische Reizbarkeit Goyas, seine Stimmungsschwankungen und allgemeine Müdigkeit würden durchaus in den Symptomenkomplex einer Bleienzephalopathie passen. Und wenn es heißt, daß Goya sich gerade in den Perioden der graphischen Kunst widmete, in denen er wegen seiner Krankheit oder politischer Wirren weniger Aufträge für Bilder bekam, so könnte angenommen werden, daß durch die hierdurch erzwungenen Pausen der Bleibelastung ein Abklingen der Intoxikationserscheinungen auftrat.

Allerdings sind toxische Erkrankungen betreffs ihrer Symptomatik häufig vieldeutig und uncharakteristisch. Jedenfalls läßt das Krankheitsbild nicht irgendwelche Rückschlüsse auf ihre Ursache zu. Es wäre durchaus vorstellbar, daß auch Quecksilber (im Zinnober) ähnliche Störungen ausgelöst haben könnte. Schließlich müßte auch die Kombinationswirkung mehrerer Schadstoffe diskutiert werden (persönliche Mitteilung Prof. Dr. Konietzko, Tübingen).

Zusammenfassung

Die Genese der Erkrankung Goyas, die 1792/93 auftrat und mit Lähmung, Sehstörung und Taubheit einherging, ist Anlaß verschiedenster Mutmaßungen gewesen. Die Verdachtsdiagnosen wurden aufgeführt und ihre Möglichkeiten abgehandelt. Eine Bleiintoxikation und eine frühluische Meningitis sind in den Vordergrund der Diskussion gerückt.

Für eine Bleiintoxikation können gewisse Symptome der Erkrankung sprechen. Die Art der verwendeten Farben und die Maltechnik des Künstlers wären jedenfalls als auslösende Ursachen denkbar. Zur Diskussion muß gestellt werden, ob nicht mehrere toxische Substanzen wie z. B. das Quecksilber im Zinnober schädigend gewirkt haben könnten. Die Annahme einer frühluischen Meningitis im Sekundärstadium, die Basis betreffend, wäre betreffs der Symptome und des Krankheitsverlaufes durchaus möglich. Die Prognose dieser Erkrankung ist günstig und geht nicht in eine Tabes (Rückenmarkschwindsucht) oder eine Paralyse über. Ganz sicher hat die nachfolgende Ertaubung des Künstlers die Isolierung und Introversion verursacht. Alle Biographen sind sich einig, daß die Erkrankung, die eine körperliche und seelische Krise auslöste, erst zu der ganz neuen Sicht und Produktivität führte, die wir heute an Goya bewundern. Nicht die Krankheit schuf das Kunstwerk, sondern sie ließ die Innenwelt des Künstlers lebendig werden. Mit allem Technischen vertraut, wurde er nun ein wirklicher Neuschöpfer. Durch die Erkrankung sensibilisiert für das Dämonische, vermag er, auch durch die intensive Introversion, dem Äußersten an der Grenze des menschlich Faßbaren Gestalt zu geben.

Klaus Lederbogen:
„... *Epikritische Analyse der Krankengeschichte Goyas*“

„Disparate ridiculo – Lächerliche Torheit“

Die historische Identität Goyas

Von zahlreichen Goya-Biographen wird schon im frühen malerischen Œuvre Goyas eine sozialkritische Tendenz ausgemacht, die des Malers Sympathie und sein Mitleid mit den Massen des einfachen Volkes bezeugen soll. Tatsächlich aber gehörte Goya von Geburt an zu einer privilegierten Klasse und entwickelte erst durch den Einfluß seines aufgeklärten Freundeskreises in den 1790er Jahren eine kritische Einstellung gegenüber den herrschenden Verhältnissen in Spanien. Gwyn A. Williams hinterfragt in seiner kritischen Goya-Biographie das überlieferte Image Goyas unter anderem auch durch kontroverse Bildinterpretationen.

Im Herbst 1786 begab sich Goya in den Escorial, um Skizzen für eine neue Reihe von Tapisseriekartons vorzulegen, die für den Speisesaal des Pardo-Palastes gedacht waren. Außer den berühmten vier „Jahreszeiten" befanden sich darunter die ersten „sozialen" Bilder, die in seinem Werk erscheinen sollten. „Die Armen am Brunnen" und „Der verletzte Maurer". Die Themen sind unfreundlich, und sie werden kalt abgehandelt; beide stehen sie im Zusammenhang mit dem großartigen Winterkarton, der zeigt, wie windgepeitschte Bauern und ihr „burro" sich durch einen Schneesturm vorwärts kämpfen. Besonders „Der verletzte Maurer" wurde oft herangezogen als Beweis für jene humanitäre, volksnahe, ja demokratische Energie bei Goya, die in den unvergeßlichen Zeichnungen und Radierungen seines späteren Lebens zum Ausbruch kommen sollte.

Diese Annahme ist ein Trugschluß. Unter Heranziehung von Ortega y Gasset gelingt es Edith Helman, mit dieser Mythologie um den „Maurer" kurzen Prozeß zu machen: Es wird festgestellt, daß viele Gemälde Goyas im Kern eiskalt sind, daß zwischen dem Maler und seinem Gegenstand eine emotionale Distanz besteht und daß es außer dem Interesse für die Lösung des malerischen Problems keine innere Anteilnahme gibt.

Der Karton, eindrucksvoll im Herausbringen der Tiefe, in der Bewältigung der Körperstellungen, im Nuancieren der Graus, ist vom Thema her außerordentlich, aber von der Empfindung her kühl bis zur Gleichgültigkeit. Einleuchtend bringt Edith Helman eine naheliegende Quelle in Vorschlag, und zwar den berühmten Erlaß Karls III., der das Baugewerbe unter Androhung von Geld- und Gefängnisstrafen für fahrlässige Unternehmer dazu erzog, für die Sicherheit der Arbeiter zu sorgen. Öffentlich im Jahre 1778 und dann in Abständen immer wieder bekanntgemacht, war dieser Erlaß erst kürzlich im „Memorial literario" von 1784 erneut gelobt worden. Die „illustrados", durch die Goya immer mehr Einblick in die sozialen Verhältnisse gewann, priesen die Verordnung als Musterbeispiel aufgeklärter Gesetzgebung. 1786 wurde Goya zum Pintor del Rey (Königlichen Hofmaler) ernannt, und zusammen mit seinem Schwager bekam er eine Monopolstellung bei der Königlichen Tapisserie-Manufaktur. Weit davon entfernt, ein sozialer Protest oder auch nur ein Kommentar zu sein, war der Karton eine höfliche Geste im üblichen Geschmack. Außerdem gab es das berüchtigte Gegenstück dazu, den „Betrunkenen Maurer", den Goya später dem Duque de Osuna verkaufte.

Formal praktisch deckungsgleich ist hier den Gesichtern der Arbeiter, die ihren zusammengesunkenen Kollegen vom Baugerüst schleppen, ein groteskes und ziemlich schadenfrohes Grinsen aufgeklebt, die Würde ist dahin, und dafür macht sich jener sardonische schwarze Humor breit, der an die „Caprichos" denken läßt. Wie soll das „soziale Engagement" eines Menschen ausgesehen haben, der in einer solchen Weise aus dem einen das andere machen konnte?

So überzeugend Edith Helmans Ausspielen des betrunkenen gegen den verletzten Maurer auch scheinen mag, steht die Argumentation doch auf tönernen Füßen. Man weiß nämlich nicht mit Sicherheit, welches Bild zuerst gemalt wurde. Der Betrunkene taucht in einem Stapel von Arbeiten auf, die Goya dem Duque de Osuna verkaufte. Die Rechnung für einige dieser Arbeiten stellte Goya zusammen mit ein paar späteren Skizzen im Jahre 1798 zu. Seine Editoren nehmen an, daß diese kleinen Gemälde Vorentwürfe für die eigentlichen königlichen Kartons waren (was für die meisten sicherlich zutrifft), aber aus der Zahlungsaufforderung an Osuna geht das nicht eindeutig hervor, so daß der Schluß naheliegt, daß zumindest einige für den Herzog selber angefertigt wurden.

Die These, daß der betrunkene Maurer für einen Karton vorgesehen war, dem König vorgelegt, abgelehnt und dann in anderer Fassung noch einmal gemalt wurde, ist kaum akzeptabel. Das Bild hätte in grotesker, ja schreiender Weise den Einklang mit seinen Nebenstücken gestört. Einige Interpreten sehen es als eine spätere Komposition. Wenn José Gudiol recht hat, der es mit 1791 ansetzt, so würde der Entwurf nicht nur einen parodistischen Aspekt bekommen, sondern sich darüber hinaus zwei wichtigen königlichen Kartons zuordnen lassen, zu denen in jenem Jahr sich verschärfender persönlicher, beruflicher und politischer Krise Goya sich aufraffte – „Die Strohpuppe" nämlich und „Die Hochzeit", in denen die Befangenheiten und bis zu einem gewissen Ausmaß der Stil seiner Wehen nach 1792 bereits ihren Niederschlag finden und die zweifellos einen Wandel in seiner veröffentlichten Haltung gegenüber

te se dar razon individual
lo q. te ad bierto el q. suelen
engañar a los arrieros con las
puertas. como me sucedio a mi
con q. lo dispondras como quieras
e me informare yo p.r menor

„Disparate matrimonial – Unordentliche Torheit"

dem „pueblo" erkennen lassen. Der Entwurf des „Betrunkenen Maurers" könnte tatsächlich herangezogen werden, weniger als Beweis für Goyas soziale Gleichgültigkeit im Jahre 1786, sondern für einen grundlegenden Standpunktwechsel, zu dem er sich hart am Rande seiner schwersten persönlichen Krise gezwungen sah.

Edith Helmans Hauptargument bleibt dadurch unangetastet: Die Parteinahme für das Volk – den Maurer, die Armen am Brunnen, die Bauern in eisiger Zeit – ist „aufgesetzt". Mit der unklaren Ausnahme seiner einzigen originellen Radierung aus dieser Zeit, dem Garottierten von 1778 bis 1780 – prophetisch in seinem erbarmungslosen Realismus –, gibt es vor 1790 in Goyas Werk nicht die Spur irgendeines sozialen Gefühls. Die vielen volkstümlichen Szenen haben nichts zu bedeuten: das ist allgemein üblich und lediglich schick. Manche lassen sich direkt und alle indirekt zurückführen auf die vertraute Welt der „sainetes" des Ramón de la Cruz, auf die populären Verse von Leuten wie Francisco Gregorio de Salas und vielen anderen; die früheren Bilder sind durchtränkt von jenem pittoresken „majismo", den der Adel zu übernehmen begann, die späteren von den seriöseren, aber immer noch gefälligen Tonarten, die man während der Blüte der Aufklärung unter Karl III. anschlug.

Wäre Goya 1792 an seiner Krankheit gestorben, hätte man ihn – abgesehen von vereinzelten, recht versprechenden Arbeiten – als unbedeutend erachtet. Diese vereinzelten, recht versprechenden Werke fallen jedoch in die Zeit vor dem Ausbruch der persönlichen Katastrophe, und mit ihnen stellt sich unüberhörbar die zentrale Frage nach der Identität. Goya mußte vierzig werden, bis er zum Erfolg durchbrach, zu der Möglichkeit, sich zu verwirklichen. Das ganze Streben seiner ersten vierzig Jahre war darauf gerichtet gewesen, sich und sein Werk in autonomer Identität und Integrität aufzubauen. Der Historiker, der einem ursprünglichen Schöpfer gegenübertritt, tritt bis zu einem gewissen Grade auch dem Transzendentalen gegenüber, das den Schöpfer letztlich ins Ungreifbare rückt. Will er den Schöpfer irgendwie sinnvoll in seinen historischen Bericht einbringen, muß er zunächst versuchen, dessen historische Identität in den Griff zu bekommen.

Die meisten Interpreten weisen hin auf einen Bruch, einen Scheidepunkt, einen plötzlichen und qualitativen Wandel in Goyas Werdegang. Selbst Ortega y Gasset ist geneigt, ihm in den Kriegszeichnungen ein gewisses menschliches Engagement nicht abzusprechen, und die Allgemeinheit betont in Goyas Leben die Krankheit von 1792/93, die ihn niederbrach und für immer taub machte. In dem ersten vollständigen „catalogue raisonné" seines Werkes umreißen Pierre Gassier und Juliet Wilson fünf Phasen:

1746 – 1792 Seine ersten 46 Jahre, reich an Produktion nach 1774 und an Erfolg nach 1784, unterbrochen durch die Krankheit, die ihn 1792 fast tötete.

1792 – 1808 Die Jahre der Alben von Sanlúcar und Madrid (Zeichnungen), Jahre der „Caprichos" und einiger seiner glänzendsten Porträts.

1808 – 1819 Die Jahre des Krieges und der reaktionären Restauration, Jahre der „Desastres"-Radierungen, wieder unterbrochen durch schwere Krankheit.

1819 – 1824 Die „Disparates"-Radierungen und die verblüffenden „Schwarzen Gemälde", Jahre der liberalen Revolution und ihrer Niederlage, endend mit Goyas Abreise ins Exil.

1824 – 1828 Die letzten Jahre in Frankreich, endend mit dem Tod.

Gwyn Alfred Williams: *„Goya"*

„Ya no hay tiempo – Es ist keine Zeit mehr"

„Que hay que hacer mas? – Was kann man mehr tun?"

„Bobalicon – Dummkopftorheit“

„Disparate puntual – Präzise Torheit“

Glossar

Esquilache-Aufstand: Karl III. (1759 – 1788) bemühte sich um eine Modernisierung und Liberalisierung Spaniens. So versuchte er, die Macht der Kirche einzuschränken (1767 Ausweisung der Jesuiten) und die Bürgerschaft an der Verwaltung zu beteiligen. Im Zuge der Reformen griff er auch in Bereiche wie z. B. die Kleiderordnung ein, was immer wieder zu politischen Unruhen führte, u. a. 1766 zum Esquilache-Aufstand.

Freskotechnik: Ein direkt in den frischen Putz hineingemaltes Wandbild. Die Farbe durchdringt den frischen (ital. fresco) und noch feuchten Putz und wird dadurch dauerhaft fixiert. Wird auf trockenem Putz gemalt, nennt man diese Technik „Fresco secco" (ital. „secoo" = „trokken"). Oft werden beide Techniken kombiniert, d.h. das getrocknete Fresko wird durch Secco-Malerei ergänzt bzw. korrigiert.

Ilustrado: Im Spanien des 18. Jh. die Anhänger des aufgeklärten, von der Vernunft (und nicht von Tradition und Aberglauben) geleiteten französischen Philosophen. Die Illustrados waren Oppositionelle, oft aus juristischen Kreisen, die insbesondere die Verquickung der Macht von Staat und Kirche kritisierten.

Infant/in (lat. Kind): Titel der spanischen und portugiesischen Prinzen und Prinzessinnen.

jakobinisch (Jakobiner): Nach dem Versammlungsort, dem ehemaligen Kloster St. Jakob in Paris, benannte Vereinigung von Revolutionären, die 1789 gegründet wurde und seit 1791 den radikalen und fanatischen Kurs der Französischen Revolution bestimmte. Nach der 1794 erfolgten Hinrichtung des Hauptvertreters der Jakobiner, Maximilien de Robespierre, verlor die Vereinigung ihren Einfluß.

Kabinettstück: Das Kabinett (kleines Nebengemach) diente in früheren Zeiten der Aufbewahrung und zum Aufstellen von Kunstwerken und anderen Sammelobjekten. Heute bezeichnet man z. B. in Museen Sammlungen von geringer räumlicher Ausdehnung für Bilder, die in kleinen Formaten oder in schlichter, z. B. graphischer Technik ausgeführt wurden, als Kabinette. Diese kleinformatigen Werke nennt man Kabinettstücke.

Kapitel: Zu einem Dom oder Stift gehörende Ordensgemeinschaft.

Pendentif: Architektonisches Element (Hängezwickel), das von einem Quadrat oder einem Vieleck auf eine kreisförmige Kuppel überleitet.

Reales: Spanische Währung.

Scoop (journalistisch): Exklusivmeldung.

Teppichkarton: Zur Herstellung von Bildteppichen benötigte Vorlage, die oft von Malern angefertigt wurde. Der Künstler entwarf das zu webende Motiv und lieferte einen maßstabsgerechten Entwurf, den Karton, an die Manufaktur. Anhand des Kartons konnten die Handwerker den Entwurf umsetzen. Das Übertragen des Entwurfs vom Karton auf den Teppich geschah durch Pausen auf dünnem Papier, das längs der Konturen durchstochen wurde. Der Karton galt früher nicht als selbständiges Kunstwerk und wurde erst im 19. Jh. aufgewertet und auch öffentlich ausgestellt.

Tondo: Gemälde oder Relief, das kreisrund ausgeführt wurde. Besonders im Italien des 15. Jh. gebräuchlich, ist das Tondo wohl von den antiken Medaillons und der christlichen Glorie herzuleiten. Im Fall Goyas ist das Tondo eine altertümliche Technik, ein Rückgriff auf alte Traditionen mit Zugeständnissen an den Auftraggeber.

Kleine Auswahl der weiterführenden Literatur

Zur Malerei und Graphik Goyas

Gassier, Pierre: Les dessins de Goya: Les albums. Fribourg 1973

Gassier, Pierre: Les dessins de Goya II. Fribourg 1975

Gassier, Pierre/Wilson, Judith: Francisco Goya. Leben und Werk. Fribourg und Frankfurt 1971

Ferrari, Enrique Lafuente: Goya. Sämtliche Radierungen und Lithographien. Wien/München 1961

Helman, Edith: Trasmundo de Goya. Madrid 1963

Gudiol, José: Goya. 1746 – 1828. Biografia, Estudo analitico y catalogo de ses pinturas. Barcelona 1970 (4 Bände)

Allgemeine Literatur

Gantner, Joseph: Goya: Der Künstler und seine Welt. Berlin 1974

Held, Jutta: Francisco de Goya. Reinbek bei Hamburg 1980

Hofmann, Werner/Helman, Edith/Warnke, Martin: Goya: „Alle werden fallen". Frankfurt a. M. 1981

Paas, Sigrun: Goya. Radierungen. Stuttgart 1978

Widmer, Urs: Francisco Goya, Caprichos. Zürich 1989

Verwendete Literatur

Sigrun Paas: Der Schlaf der Vernunft gebiert Ungeheuer; aus: Francisco de Goya. Der Schlaf der Vernunft gebiert Ungeheuer. Die „Caprichos". © bei der Autorin.

F. D. Klingender: Spanien im 18. Jahrhundert; aus: Goya in der demokratischen Tradition Spaniens. © Henschel Verlag, Berlin 1954.

Fred Licht: Goya. Beginn der modernen Malerei. © 1985 by Claassen Verlag GmbH, Düsseldorf.

José Ortega y Gasset: Velázquez und Goya. Beiträge zur spanischen Kulturgeschichte. © 1955 Deutsche Verlags-Anstalt, Stuttgart.

Lion Feuchtwanger: Goya oder Der arge Weg der Erkenntnis. © Aufbau-Verlag, Berlin 1961.

Charles Baudelaire: Sämtliche Werke, Briefe Band 1. Herausgegeben von Friedhelm Kemp, Claude Pichois und Wolfgang Drost. © 1977 Carl Hanser Verlag, München-Wien.

Sigrun Paas: Goyas Freundeskreis, die „Illustrados"; aus: Francisco de Goya. Der Schlaf der Vernunft gebiert Ungeheuer. Die „Caprichos". © bei der Autorin.

Francisco de Goya: Diario de Madrid. Übersetzung von © André Stoll.

Juan Melendez Valdes: An Jovino, den Melancholischen. Übersetzung von © Frank M. von Berger.

Klaus Lederbogen: Epikritische Analyse der Krankengeschichte Goyas; aus: TEMPO MEDICAL/Nr. 17-Oktober 1981. © beim Autor.

Gwyn Alfred Williams: Die historische Identität Goyas; aus: Goya dnb 92, deutsch von Wulf Teichmann. Copyright der Übersetzung. © 1978 by Rowohlt Taschenbuch Verlag GmbH, Reinbek. © Intercontinental Literary Agency, London.

Bildnachweise

Umschlag
Vorderseite: Der 3. Mai 1808 (1814). Madrid, Prado. Werkverzeichnis von Pierre Gassier und Juliette Wilson: „Francisco Goya. Leben und Werk", Frankfurt a. M., Berlin und Wien (WV) S. 20, Nr. 984.

Buchrücken: Jäger mit Hunden (1775). Madrid, Prado. WV S. 85, Nr. 61.

Rückseite: Die Beerdigung der Sardine (1812–1819, Ausschnitt). Madrid, S. A. San Fernando. WV S. 266, Nr. 970.

Bildvorspann
Der 2. Mai 1808 (1814, Ausschnitte). Madrid, Prado. WV S. 267, Nr. 982.

11 Selbstportrait (Alter 78). Feder und braune Tusche (1824). Madrid, Prado. WV S. 361, Nr. 1658.

Erstes Kapitel
12 Ansicht der Stadt Saragossa. Gemälde von Martinez de Maso (1647). Foto: Oronoz, Madrid.

13 Ansicht der Stadt Fuentetodos. Foto: Gallimard, Paris.

14 Basilika El Pilar (17./18. Jh.) in Saragossa. Foto: Roger-Viollet, Paris.

15 Modellstudien in einer Akademie. Zeichnung von M.A. Houasse. Paris, Louvre.

16 Kampf mit einem Jungstier (1780, Ausschnitt). Madrid, Prado. WV S. 89, Nr. 133.

„Pedro Romero matando a toro parado"

17 Kampf mit einem Jungstier (1780). Dass.
18 Danube (Statue der Donau) auf der Piazza Navona in Rom. Stich nach einer Zeichnung von Gianlorenzo Bernini. Paris, Bibliothèque nationale.
19 Triumph Spaniens (Ausschnitt). Fresco von Giambattista Tiepolo (1764 – 1766). Madrid, Thronsaal des Königlichen Palasts.
20 Heimsuchung (1774, Ausschnitt). Fresko. Saragossa, Aula Dei. WV S. 83, Nr. 45.
21 Die Verehrung des Namens Gottes (1772, Ausschnitt). Fresko. Ebd. WV S. 82, Nr. 30.
22 (links) Jagdgewehr. Zeichnung Goyas in einem Brief an Zapater. Madrid, Prado.
22 (rechts) Jäger mit Hunden (1775). Madrid, Prado. WV S. 85, Nr. 61.
23 Der Escorial. Anonymes Gemälde. Foto: Mas, Barcelona.
24 Karl III. als Jäger (1786 – 1788, Ausschnitt). Madrid, Duquesa de Fernan Nuñez. WV S. 95, Nr. 230.
25 La rina en la venta nueva (1777). Madrid, Prado. WV S. 85, Nr. 76.

Zweites Kapitel
26 Selbstportrait (Alter 37, 1783). Agen, Musée des Beaux-Arts. WV S. 93, Nr. 201.
27 „Warum sie verstecken?". Capricho 30 (1797 – 1798). Radierung und Aquatinta. Paris, Gallimard. WV S. 179, Nr. 510.
28 Las Meniñas (nach Velázquez, 1778 – 1779). Radierung und Aquatinta. London, British Museum. WV S. 87, Nr. 107.
29 Las Meniñas (1656). Gemälde von Velázquez. Madrid, Prado.
30 Der Topfverkäufer (1779). Madrid, Prado. WV S. 88, Nr. 125.
31 Der Pardo-Palast. Anonymer Stich, 19. Jh. Paris, Gallimard.
32/33 Die Brücke von Toledo in Madrid. Aquarell von David Roberts. Foto: Mas, Barcelona.
35 Rekonstruktion der Malerarbeiten in der Basilika El Pilar. Illustration: Gallimard, Paris.
36/37 Regina Martyrum (Maria als Königin der Märtyrer, 1780 – 1781). Kuppelfresko. Saragossa, Basilika El Pilar. WV S. 91, Nr. 177.
37 Detail aus der Abbildung S. 36/37.
38 Dokument der Banco Nacional de San Carlos (1782). Paris, Gallimard.
39 Graf von Floridablanca und Goya. Madrid, Banco Urquijo. WV S. 93, Nr. 203.
40 Ventura Rodriguez (1784). Stockholm, Nationalmuseum. WV S. 94, Nr. 214.
41 Reiterportrait der Doña María Teresa Vallabriga y Rozas (1783 – 1784). Florenz, Uffizien (Nicht im WV, da erst 1975 in einem Nachlaß aufgetaucht).
42/43 Die Familie des Infanten Don Luis (1783). Florenz, Erben des Prinzen Ruspoli. WV S. 94, Nr. 208.
44 (oben) Alte Frau beim Spinnen (1819). Lavierte Federzeichnung. Madrid, X. de Salas. WV S. 329, Nr. 1643.
44/45 Blinder mit Gitarre (1778). New York, Metropolitan Museum of Art. WV S. 86, Nr. 87.
46/47 Stierkampf im Dorf (1812 – 1819). Madrid, R.A. San Fernando. WV S. 266, Nr. 969
47 (oben) Pedro Romero (1795 – 1798). Fort Worth, Texas, Kimbell Foundation. WV S. 188, Nr. 671.
48 Der gestürzte Maurer (1786 – 1787). Madrid, Prado. WV S. 97, Nr. 266.
49 Die Armen an der Quelle (1786 – 1787). Ebd. WV S. 97, Nr. 267.
50 Der Frühling (1786 – 1787). Ebd. WV S. 97, Nr. 262.
51 Der Herbst (1786 – 1787). Ebd. WV S. 97, Nr. 264.
52/53 Der Sommer (1786 – 1787). Ebd. WV S. 97, Nr. 263.
54/55 Der Winter (1786 – 1787). Ebd. WV S. 97, Nr. 265.
56 Der Maibaum (1786 – 1787). Madrid, Duque de Montellano. WV S. 96, Nr. 248.

„Modo de volar – Eine Art zu fliegen"

57 Graf von Cabarrús (1788, Ausschnitt). Madrid, Banco de España. WV S. 95, Nr. 228.

58 Die Wiese von San Isidro (1788). Madrid, Prado. WV S. 98, Nr. 272.

59 Die Familie des Herzogs von Osuna (1789). Ebd. WV S. 98, Nr. 278.

60 (oben links) Selbstportrait in der Werkstatt (um 1790 – 1795). Madrid, Condesa de la Villagonzalo. WV S. 169, Nr. 331.

60 (oben rechts) Infant Francisco de Paula Antonio (Skizze für „Die Familie Karls IV."). Madrid, Prado. WV S. 197, Nr. 786.

60 (unten) Infant Carlos Mario Isidro (1788, Ausschnitt aus „Die Familie des Herzogs von Osuna"). Ebd. WV S. 98, Nr. 278.

61 Manuel Osorio (1788). New York, Metropolitan Museum of Art. WV S. 95, Nr. 233.

Drittes Kapitel

62 Die Strohpuppe (179 – 1792). Madrid, Prado. WV S. 99, Nr. 301.

63 Modell der Bastille. Gouache von Lesueur. Paris, Musée Carnavalet.

64 Martín Zapater (1790). Privatbesitz (Leihgabe an die Galerie Cramer, Den Haag). WV S. 99, Nr. 290.

65 Die Hochzeit (1791, Ausschnitt). Privatbesitz (USA). WV S. 99, Nr. 299.

66 (oben) Der Königliche Palast in Madrid. Stich von David Roberts. Paris, Bibliothèque nationale.

66 (unten) Selbstportrait aus einem Brief Goyas vom 2. August 1794 an Zapater. Madrid, Prado.

67 Königin María Luisa (1789). Cordoba, Museum Cordoba. WV S. 98, Nr. 286.

68/69 Gerichtssitzung der Inquisition (1812 – 1819). Madrid, R.A. San Fernando. WV S. 266, Nr. 966.

69 Selbstportrait (1795 – 1797). Tusche, laviert. New York, Metropolitan Museum of Art. WV S. 188, Nr. 666.

70 María del Rosario Fernandez „La Tirana" (1794). Madrid, Juan March. WV S. 170, Nr. 340.

71 General Antonio Ricardos (1793 – 1794). Madrid, Prado. WV S. 170, Nr. 358.

72 Die Herzogin von Alba rauft sich die Haare (1796 – 1797). Tusche, laviert. Madrid, B.N. WV S. 71, Nr. 258.

73 (links) Die Herzogin von Alba (1795). Madrid, Duque de Alba. WV S. 170, Nr. 351.

73 (rechts) Marquise de Solana (1794 - 1795, Ausschnitt). Paris, Louvre (Beistegui). WV S. 170, Nr. 341.

74 Francisco Bayeu (1795, Ausschnitt). Madrid, Prado. WV S. 170, Nr. 345.

75 Die Herzogin von Alba und ihre Dueña (1786). Madrid, Berganza de Martín. WV S. 171, Nr. 352.

76 (unten) Selbstportrait (1797 - 1798). Radierung und Aquatinta. Erstes Blatt der Caprichos. WV S. 176, Nr. 451.

76/77 Manuel Godoy (1801). Madrid, R.A. San Fernando. WV S. 197, Nr. 796.

77 (unten) Gaspar Melchor de Jovellanos (1798). Madrid, Vizcondesa de Irueste. WV S.189, Nr. 675.

78 (oben) Innenansicht der Kirche San Antonio de la Florida, Madrid. Anonymer Stich, 19. Jh. Paris, Bibliothèque nationale.

78 (unten) Ansicht von La Florida in Madrid. Anonymer Stich, 19. Jh. Ebd.

79 Wunder des hl. Antonius von Padua (1798, Ausschnitt). Kuppelfresko. Madrid, San Antonio de la Florida. WV S. 191, Nr. 717.

80 Vorstudie für das Capricho 43 (1797). Madrid, Prado. WV S. 181, Nr. 537.

81 (links) Mariana Waldstein, neunte Marquise von Santa Cruz (1797 - 1798). Paris, Louvre. WV (als Marquise de las Mercedes aufgeführt) S. 189, Nr. 678.

81 (rechts) Ferdinand Guillemardet (1798, Ausschnitt). Ebd. WV S. 189, Nr. 677.

Viertes Kapitel

82 María Luisa zu Pferd (1799). Madrid, Prado. WV S. 196, Nr. 777.

83 „Dieser Staub" (1797 - 1798, Ausschnitt). Capricho 23. Radierung. Paris, Gallimard. WV S. 179, Nr. 498.

84 (unten) Selbstportrait (1797 - 1800, Ausschnitt). Castres, Goya-Museum. WV S. 189, Nr. 680.

84/85 Autograph Goyas. Paris, Gallimard.

85 (unten links) Dass.

85 (unten rechts) Leandro Fernandez de Moratín (1799). Madrid, R.A. San Fernando. WV S. 189, Nr. 685.

86/87 Die nackte Maya (um 1798 - 1805). Madrid, Prado. WV S. 194, Nr. 743.

87 (rechts) Gräfin v. Chinchón (1800, Ausschnitt). Madrid, Duque de Sueca. WV S. 197, Nr. 793.

88/89 Die Familie Karls IV. (1800 - 1801). Madrid, Prado. WV S. 196, Nr. 783.

89 (oben) Infantin María Josefa. Skizze zum Bild S. 88/89. Ebd. WV S. 197, Nr. 785.

89 (unten) Luis de Borbón, Prinz von Parma. Skizze zum Bild S. 88/89. Ebd. WV S. 197, Nr. 788.

90/91 Das Gewerbe (1797 - 1800). Ebd. WV S. 190, Nr. 691.

91 (unten) Graf von Fernan Nuñez (1803). Madrid, Duques de Fernan Nuñez. WV S. 198, Nr. 808.

92 Isabel de Porcel (1804 - 1805, Ausschnitt). London, National Gallery. WV S. 198, Nr. 817.

93 Marquise von Villafranca (1804). Madrid, Prado. WV S. 198, Nr. 810.

94 Gumersinda Goicoechea (1805). Zeichnung. Madrid, Privatsammlung. WV S. 200, Nr. 842.

95 (oben) El Marragato bedroht Bruder Pedro de Zaldivia (1806 - 1807). Chicago, Art Institute. WV S. 201, Nr. 864.

95 (unten) Javier Goya (1805). Zeichnung. Madrid, Marqués de Casa Torres. WV S. 200, Nr. 843.

Fünftes Kapitel

96 Der Koloß (um 1808 - 1812). Madrid, Prado. WV S. 265, Nr. 946.

97 „Welcher Mut!" (1810 - 1815). Desastres 7. Radierung und Aquatinta. WV S. 268, Nr. 1000.

98 Der Einzug Ferdinands VII. in Madrid. Anonymer Stich. Artephot, Paris.

99 Ferdinand VII. im Hofmantel (1814). Madrid, Prado. WV S. 297, Nr. 1540.

100/101 Schießerei in einem Militärlager (um 1808 - 1812). Madrid, Marqués de la Romana. WV S. 263, Nr. 921.

102 Junge Frauen mit Brief (Les Jeunes) (1812 - 1814). Lille, Museum. WV S. 266, Nr. 962.

103 Die Zeit (Les Vieilles) (1810 - 1812). Ebd. WV S. 288, Nr. 961.

104 „Auch hier nicht" (1810 - 1815). Desastres 36. Radierung und Aquatinta. WV S. 271, Nr. 1051.

105 (oben) Kugelgießen in der Sierra (1810 - 1814). Madrid, Königlicher Palast. WV S. 267, Nr. 981.

105 (unten) Pulverherstellung in der Sierra (1810 - 1814). Ebd. WV S. 267, Nr. 980.

106/107 Hospital mit Pestkranken (1808 - 1812). Madrid, Marqués de la Romana. WV S. 163, Nr. 919.

108 Banditen schießen ihre Gefangenen nieder (1808 - 1812). Ebd. WV S. 263, Nr. 918.

109 Bandit beraubt eine Frau (1808 - 1812). Ebd. WV S. 263, Nr. 916.

110 Die Beerdigung der Sardine (1812 - 1819, Ausschnitt). Madrid, S.A. San Fernando. WV S. 266, Nr. 970.

111 Herzog von Wellington (1812 - 1814). London, National Gallery. WV S. 262, Nr. 897.

112 (links) Selbstportrait (Alter 69, 1815). Madrid, R.A. San Fernando. WV S. 297, Nr. 1551.

112/113 Sitzung der Philippinenkompanie (1815). Castres, Goya-Museum. WV S. 297, Nr. 1534.

114 (oben) Das Haus des Tauben. Stich in: Charles Yriarte, „Das Leben Goyas", o.O. 1867.

114 (unten) Der X. Herzog von Osuna (1816). Bayonne, Musée Bonnat. WV S. 298, Nr. 1557.

115 Die letzte Kommunion (1819, Ausschnitt). Madrid, Kapelle von San Anton Abad. WV S. 329, Nr. 1638.

116/117 (oben) Asmodea (1820–1823). Madrid, Prado. WV S. 328, Nr. 1620.

116/117 (unten) Duell mit Stöcken (1820–1823). Ebd. WV S. 327, Nr. 1616.

118 Judith und Holofernes (1820–1823). Ebd. WV S. 328, Nr. 1625.

119 Saturn (1820-1823). Ebd. WV S. 328, Nr. 1624.

120/121 Der große Ziegenbock (1820-1823, Ausschnitt). Ebd. WV S. 328, Nr. 1623.

122 La Leocadia (1820–1823). Ebd. WV S. 328, Nr. 1622.

123 Radiographie von „La Leocadia". Dass.

124 Selbstportrait (Alter 78, 1824). Feder und braune Tusche. Ebd. WV S. 361, Nr. 1658.

125 Das Milchmädchen von Bordeaux (1825–1827). Ebd. WV S. 361, Nr. 1667.

126 Goya und sein Arzt Arrieta (1820). Minneapolis, Institute of Arts. WV S. 329, Nr. 1629.

127 Mariano Goya (1827). Lausanne, Georges A. Embiticos. WV S. 361, Nr. 1664

128 „Versuche" (1797–1798). Capricho 60. Radierung und Aquatinta. WV S. 183, Nr. 517.

Zeugnisse und Dokumente

129 Das Duell (1824/1825). Lithographie. London, British Museum. WV S. 363, Nr. 1702.

130 „Mucho hay, que chupar – Es gibt viel zu lutschen" (1797–1798). Capricho 45. Radierung und Aquatinta. Paris, Gallimard. WV S. 182, Nr. 549.

133 „Aguarda que te unten – Warte, bis sie dich salben" (1797–1798). Capricho 67. Radierung und Aquatinta. Paris, Gallimard. WV S. 184, Nr. 585.

135 „Estan calientes – Sie sind heiß" (1797–1798). Capricho 13. Radierung und Aquatinta. Paris, Gallimard. WV S. 177, Nr. 476.

138/139 Die Familie Karls IV. (1800–1801). Madrid, Prado. WV S. 196, Nr. 783. (unten: Schemazeichnung; Paris, Gallimard)

143 „Desjarette de la canalla con lanzas, medias lunas, banderillas, y otras armas" (1815–1816). Tauromaquia 12. Radierung. Ebd. WV S. 277, Nr. 1174.

145 Majas auf dem Balkon (um 1800–1814?) New York, Metropolitan Museum of Art. Foto: Archiv für Kunst und Geschichte, Berlin. WV S. 265, Nr. 960.

147 Selbstportrait mit Dreispitz (um 1785–1795). Feder und Sepia. New York, Sammlung Lehman. WV S. 169, Nr. 332.

149 Lion Feuchtwanger. Foto: Archiv für Kunst und Geschichte, Berlin.

159 Charles Baudelaire. Foto: Ebd.

161 Autograph Goyas. Paris, Gallimard.

166 (oben) „Yo lo vi – Ich sah es!" (1810–1820). Desastres de la guerra. 44. Radierung. Ebd. WV S. 271, Nr. 1064.

„Un caballero español mata un toro despues de haber perdido el caballo"

166 (unten) „El caballo raptor – Ausgelassene Torheit" (1815 – 1824). Los Disparates (Proverbio) 10. Radierung. Ebd. WV S. 325, Nr. 1585.

167 (oben) „Banderillas de fuego" (1815 – 1816). Tauromaquia 31. Radierung. Ebd. WV S. 279, Nr. 1212.

167 (unten) „Ligereza y atrevimiento de Juanito Apinañi en la Plaza de Madrid" (1815 – 1816). Tauromaquia 20. Radierung. Ebd. WV S. 278, Nr. 1190.

168 „Esto es peor – Das ist schlimmer" (1800 – 1805). Los Desastres de la guerra. 37. Radierung. Ebd. WV S. 271, Nr. 1052.

171 „Y aun no se van – Und noch immer gehen sie nicht!" (1797 – 1798). Capricho 59. Radierung und Aquatinta. Ebd. WV S. 183, Nr. 569.

173 „El animoso moro Gazul es el primero que lanceó toro en regla" (1815 – 1816). Tauromaquia 5. Radierung. Ebd. WV S. 277, Nr. 1157.

174 „Disparate ridiculo – Lächerliche Torheit" (1815 – 1824) Los Disparates (Proverbio) 3. Radierung. Ebd. WV S. 325, Nr. 1573.

177 Brief Goyas an Zapater vom Dezember 1797. Ebd.

178 „Disparate matrimonial – Unordentliche Torheit" (1815 – 1824) Los Disparates (Proverbio) 7. Radierung. Ebd. WV S. 325, Nr. 1581.

180 (oben) „Ya no hay tiempo – Es ist keine Zeit mehr" (1800 – 1805). Los Desastres de la guerra 19. Radierung. Ebd. WV S. 269, Nr. 1039.

180 (unten) „Que hay que hacer mas? – Was kann man mehr tun?" (1800 – 1805). Los Desastres de la guerra 33. Radierung. Ebd. WV S. 270, Nr. 1053.

181 (oben) „Bobalicon – Dummkopftorheit" (1815 – 1824). Los Disparates (Proverbio) 4. Radierung. Ebd. WV S. 325, Nr. 1574.

181 (unten) „Disparate puntual – Präzise Torheit" (1815 – 1824). Los Disperates (Proverbio) zusätzliche Platte. Radierung. Ebd.

183 „Pedro Romero matando a toro parado" (1815 – 1816). Tauromaquia 30. Radierung. Ebd. WV S. 279, Nr. 1210.

184/185 „Modo de volar – Eine Art zu fliegen" (1815 – 1824). Los Disparates (Proverbio) 13. Radierung. Ebd. WV S. 326, Nr. 1587.

187 „Un caballero español mata un toro despues de haber perdido el caballo" (1815 – 1816). Tauromaquia 9. Radierung. Ebd. WV S. 277, Nr. 1163.

190 „Amarga Presencia – Bittere Gegenwart" (1800 – 1805). Los Desastres de la guerra 13. Radierung. Ebd. WV S. 269, Nr. 1033.

Fotografische Nachweise

Agence Scala, Florenz 41, 42 – 43, 105 o, 105 u.

Archiv für Kunst und Geschichte, Berlin 145, 149.

Artephot, Paris 46 – 47, 47o, 56, 64, 70, 73 r, 77 o, 84, 85, 86, 87, 98, 110, 115.

Artephot/Oronoz, Paris 39, 57, 60 ol, 68, 69, 73 l, 77 u, 79, 82, 87, 89 u, 91, 100, 101, 102, 103, 108, 109, 111.

Boulloz, Paris 26.

Bibliothèque nationale, Paris 18.

Clichés Gallimard 106 – 107, 118, 119, 120, 121.

Gallimard, Paris 13, 27, 28, 31, 36 – 37, 37 u, 38, 44o, 44 – 45 u, 72, 80, 83, 84, 85 o, 94, 95 u, 97, 104, 127, 128, 129, 130, 133, 135, 139 u, 143, 161, 166 o, 166 u, 167 o, 167 u, 168, 171, 173, 174, 177, 178, 180 o, 180 u, 181 o, 181 u, 183, 184 – 185, 187, 190.

Edimedia, Paris 66o.

Giraudon, Paris 63, 112, 113.

Image 3/Artephot, Paris 95o.

Institute of Art, Minneapolis 126.

Magnum, Paris 114 u.

Prado, Madrid 1, 4, 5, 6, 7, 8, 9, 16, 17, 22 l, 22 r, 25, 29, 30, 48, 49, 50, 51, 52, 53, 54, 55, 58, 59, 60 u, 62, 65, 66 u, 67, 71, 74, 75, 88, 89, 90, 93, 96, 99, 114 o, 116 – 117 o, 116 – 117 u, 123, 124, 138 – 139.

Prado, Madrid (Cliché Gallimard) 24, 89 o, 125.

Mas, Barcelona 19, 20, 21, 23, 32 – 33, 40, 112.

National Gallery, London 92.

Metropolitan Museum of Art, New York 69 r, 147.

Oronoz, Madrid 12, 76, 122.

RMN, Paris 15, 61, 81 l, 81 r.

Roger-Viollet, Paris 14, 78 o, 78 u, 159.

Register

„Amarga Presencia – Bittere Gegenwart"

Inhalt